KB262659

국경 없는
지식재산권

첨단기술
시대를 위한
지식재산권
제도

내일을여는지식 법 44

국경 없는
지식재산권

첨단기술 시대를 위한 지식재산권 제도

| 리처드 엡스타인 지음
| 김정호 옮김

한국학술정보(주)

첨단기술시대를 위한 지식재산권 제도 :

한국어판 서문

리처드 엡스타인*

국경을 넘어선 특허. 저의 저서 Intellectual Property for the Technological Age의 한국어판 서문을 쓰게 되어 영광입니다. 이 책의 원서는 2006년에 영어로 출판되었습니다. 그 후 스페인어로도 번역되어, 본 책에서 전달하고자 했던 내용이 로마법에 기초한 대륙법체계하에서 교육을 받은 분들을 포함하여 미국 밖에 계신 분들에게도 필요한 내용임을 알게 되었습니다.

이 책이 여러 법체계를 넘나들며 전파되는 데에는 두 가지 이유가 있습니다. 지식재산권에는 국경이 없습니다. 특허나 저작권의 보호를 받을 수 있는 기술적 진보는 아주 빠른 속도로 한 국가에서 다른 국가로 넘어갈 수 있습니다. 사업과 교역을 하는 분들은 그것을 분명히 느

---

* 이 서문 작성에 필요한 기초 조사에 큰 도움을 준 2011년 졸업예정인 시카고 법과대학의 샤론 예시스(Sharon Yecies)에게 감사의 말씀을 전한다.

끼고 있습니다. 미국에서 사업을 하고 싶은 사람은 누구나 미국의 특허법과 저작권법을 알아야 합니다. 미국의 기업들이 이미 그렇게 하고 있듯이 말입니다.

이보다는 덜 현실적이지만 개념적 차원의 이유도 있습니다. 재산권 제도는 매우 다양한 방식으로 만들어졌습니다. 서로 다른 법체계 내에서 다른 방식으로 진화해 왔습니다. 모든 법체계는 법체계 바깥에서 비롯되는 영향, 예를 들어 경제적 영향에 대해서도 적응을 해야 합니다. 그뿐 아니라 각 나라의 법체계는 다른 나라에서 선례가 없는 까다로운 법적 분쟁에 대해서도 자기 나름으로 판결을 해야 합니다. 예를 들어, 미국 법원은 살아 있는 물질에 대해서도 강력한 특허를 인정했는데, 그 결과 미국의 생명 산업이 급격히 성장할 수 있었습니다.

법체계마다 발전 양상이 같을 수는 없지만, 법 조항을 수립함에 있어서 직면하게 되는 트레이드오프(trade – off)의 구조는 나라마다 비슷하게 수렴하는 경향을 보입니다. 사실 비교법 연구를 통해 얻은 핵심적인 교훈은 법의 형식이나 집행방식이 나라마다 다름에도 불구하고 시간이 지나면서 가장 중요한 원칙 측면에서는 같아지는 성향을 보인다는 것입니다. 특히 요즈음같이 마우스 클릭 한 번으로 다른 법체계의 법을 가져올 수 있는 시대에서는 더욱 그렇습니다. 계약의 성립을 위해 필요한 형식이나 증서를 날인하는 방식은 나라마다 다를 수 있겠지만, 실질적으로 일정한 요건과 일정 수준의 공증을 요구하는 것은 공통적입니다. 즉 부동산 거래 등 주요하고 영구적인 계약은 내구 소비재와 같이 낮은 가치를 지닌 물품의 거래 또는 금융시장에서의 초고속 거래와는 달리 일정한 형식을 요구합니다.

저는 한국 법체계의 기원에 대해 정확하게 알고 있지는 못합니다. 다만 한국법이 전통법과 외국법의 혼합이라는 것은 분명하게 알고 있습니다. 외국법 중에는 특히 일본법의 영향이 클 텐데, 일본법은 다시 독일법과 미국법의 영향을 크게 받았습니다. 하지만 이러한 기원은 사실 중요하지 않습니다. 왜냐하면 한국 법체계 내 지식재산권이 가지고 있는 트레이드－오프 문제는 미국을 비롯한 세계 여타 국가가 가지고 있는 것과 동일하기 때문입니다. 어떤 나라에서든, 기술혁신을 위해서는 개인들에게 혁신을 해야 할 적절한 인센티브가 필요합니다. 물론 이기심이 전부는 아닙니다. 그러나 어느 개인과 회사가 거액을 들여 발명을 했는데, 그것을 돈 한 푼 들이지 않은 후발주자가 복제를 해서 더 싼 값에 팔게 될 것이 예상된다면 십중팔구는 누구도 그런 발명에 나서지 않을 것입니다. 인간이 이기적이기 때문입니다. 하지만 또 다른 측면도 있습니다. 발명자에게 발명품에 대한 영구적 권리를 부여하게 되면 시간이 흘러 해당 특허 기술이 전혀 새로울 것이 없어졌는데도, 불필요하게 독점적 지위를 주게 되는 결과를 초래할 수 있습니다. 물론 토지처럼 누군가 그것을 사용하면 다른 사람이 사용할 수 없는 재산의 경우는 영구적 권리를 인정하더라도 이런 문제가 발생하지 않습니다. 그러나 토지와는 달리 특허나 저작권과 같은 지식재산권은 소비가 비경합적이기 때문에 권리의 존속 기간을 제한하는 것입니다. 이것은 어느 나라에서나 공통입니다. 특허의 보호 기간이 저작권의 보호 기간보다 짧은 것도 비슷한 논리 때문입니다. 어느 국가에서든지 기술 분야에서는 지식 확산의 속도가 빠릅니다. 한때는 혁신적이었던 기술이라도 금방 보통의 지식이 되어 버리곤 합니다. 그러나 소설이나 시는 그렇지 않습니다. 새로운 소설이나 시가 나온다고 하더라도 고전은 고전대로의 가치를 가지고 있습니다.

한국이든 미국이든 특허 제도와 관련해서 가장 먼저 생각해야 할 것은 특허권을 과연 어느 정도까지 보호해야 하는가입니다. 모든 아이디어를 특허로 보호해서는 안 된다는 것은 분명합니다. 예를 들어 우리들이 사용하는 일상 언어에 대해서 특허를 인정하여 사유재산을 만들어서는 안 됩니다. 자유로우면서 열린 의사소통이 필요하기 때문입니다. 매일매일 새로운 단어들이 생성되는 현실에서 '단어를 렌트해 가세요.' 식의 행위는 결코 비즈니스의 영역으로 인정될 수 없습니다. 마찬가지로 어느 나라에서든 수학적 명제, 자연 법칙, 자연 물질 등에 대해서는 특허를 인정하지 않고, 누구나 자유롭게 사용할 수 있도록 문호를 열어 두고 있습니다.

특허법의 핵심 요소. 특허 제도는 이처럼 단순한 역학관계에 기초를 두고 있으며 저작권도 마찬가지입니다. 하지만 기술에 관한 한 특허 시스템이 보다 중요합니다. 그렇기 때문에 저는 특허 시스템의 핵심 요소에 집중하도록 하겠습니다. 3년 전 제가 이 책의 원서를 쓸 때, 미국의 법체계는 대체로 재산권을 강하게 옹호하는 경향이 있었습니다. 하지만 제 생각에는 불행히도 최근 3년 동안 이러한 기조에 바람직하지 않은 변화가 생겼습니다. 전반적인 법체계 안에서 일어나고 있는 최근의 변화를 소개해 드리는 것이 독자들에게 도움이 되리라 생각합니다. 저는 변화가 많지 않은 우선순위 배정과 심사과정에 대해서부터 검토한 후, 성립성과 진보성에 대해서 살펴보고, 마지막으로 특허 침해에 대한 구제수단과 특허 라이선싱에 대해 알아보겠습니다.

특허의 우선순위와 특허의 심사. 첫째, 모든 특허 시스템은 어느 발명에 우선권이 있는지 판단할 수 있어야 합니다. 이 점에서 저는 쓸데없이 복잡한 미국의 규칙보다 한국의 간단명료한 선출원 원칙을 선호합니다. 미국에서는 '고안 및 발명의 각 날짜뿐만 아니라, 최초로 고안

(conception)에 이르렀으나 실시(reduction to practice)의 시점은 늦었던 발명자에게 그 기간 중에 걸치는 타인의 고안 시점 이전부터 합리적인 주의를 기울였는지 여부'를 조사하여 발명의 선후를 결정하고 있는데,[1] 이러한 법칙은 너무나 복잡합니다. 정의를 내리기도 어렵고, 논쟁의 여지도 많은 형평성을 추구하느라 헛수고하지 말고 명료한 원칙을 세우는 것이 좋습니다. 이런 관점에서 볼 때 시간상 빠른 사람에게 우선권을 부여하는 부동산의 사례를 따르는 것이 현재 미국의 규칙보다는 나을 것입니다.

둘째, 특허 시스템은 특허권을 주고자 하는 발명이 충분한 독창성을 갖추었는지에 대해 판단해야 합니다. 과거에는 특허심사관이 특허 신청이 필요한 요건을 충족하는지를 판단하였습니다. 그리고 특허가 주어지면 그 특허에 유효하다는 추정력을 부여하였습니다.[2] 물론 이 방법이 특허의 심사를 위한 유일한 방법은 아닙니다. 그보다는 심사관의 역할을 축소시키는 대신 특허소송의 역할을 늘리는 방법이 있을 수 있습니다.[3] 앞서 말했듯이 한국에는 복잡하고 정교한 출원 요건이 요구되지 않기 때문에, 여러 단계의 특허 재심사나 특허 심판 과정이 필요해집니다. 한국 특허법에서는 특허가 최종적으로 거절당하기 이전에만 재심사를 요구할 수 있습니다. 이러한 제도의 상대적인 장점 등은 논하기가 어렵습니다. 확실하게 말할 수 있는 것은 특허의 실체법적 요건들이 매우 복잡하기 때문에 판단의 오류를 줄이기 위해서는 정교하고 비용이 많이 드는 행정 절차가 필요하다는 것입니다. 이 사항에 대해서는 저보다는 특허 행정을 다루어 본 경험이 있는 사람이 언급하

---

1) 35 U.S.C. § 102(g).

2) Id. at § 282.

3) F. Scott Kieff, *The Case for Registering Patents and the Law and Economics of Present Patent — Obtaining Rules*, 45 B.C. L. Rev. 55(2003).

는 것이 더 나을 것입니다. 대신 저는 개념적인 부분에 중점을 두어, 특허의 실체법적 요건들이 어떻게 정의되어야 하는지를 잘 말씀드리는 것이 낫겠고, 이것이 제가 지금부터 논의하고자 하는 내용입니다.

특허 대상과 진보성. 모든 특허 제도는 특허를 줄 수 있는 대상과 그렇지 않은 대상을 구별해야 합니다. 미국에서 표준적으로 사용하는 기준에 따르면, "누구든지 새롭고 유용한 공정(process), 기계, 제조, 합성물, 또는 이들의 새롭고 유용한 개선물이 특허법의 보호를 받을 수 있습니다."[4] 이렇게 광범위한 원칙은 범주를 정하는 수준에서만 작동될 수 있습니다. 그러고 나서 이 원칙은 개별적인 필터를 통해 구현되는데, 이를 통해 발명에 충분한 진보성이 있는지 여부를 심사하게 되며, 이 경우 가장 중요하게는 "청구된 특허와 기존의 기술의 차이가 발명 당시 기준으로 일반적으로 해당 분야에 종사하는 사람에게 있어 자명한 기술에 속하는지"를 검토하고 그렇다고 판단할 경우 특허 신청을 허가하지 않습니다.[5] 사소한 진보만으로는 사회가 그 발명을 이용하는 것을 막을 수 없습니다. 이렇게 특허 대상과 진보성에 대한 판단은 주요 특허 소송에서 자주 다루어지는 사안입니다.

이 글을 쓰고 있는 동안에, 미국 대법원은 In re Bilski[6]라는 중요한 사건을 앞에 두고 있습니다. 연방항소법원(Federal Circuit)은 본 사건에서 특허의 요건을 좁게 해석하여 비즈니스 방법 특허(BM 특허)에 대한 의문을 제기하였습니다. 연방항소법원은 이전의 State Street Bank & Trust Co. v. Signature Financial Group Inc.[7] 사건 등에서는 BM 특허를 넓게

---

4) 35 U.S.C. § 101.

5) Id. at § 103.

6) 545 F.3d 943(Fed. Cir. 2008).

인정한 바 있습니다. *In re Bilski*에서 강조된 것은 '기계 또는 변형 기준 (machine or transformation test)'입니다. 이 기준에 따르면 공정은 '특정 기계 및 기구에 결합되어 있거나, 특정한 부분이 변형된 경우에만' 특허법상의 보호를 받을 수 있습니다.[8] 이 기준은 1980년 Diamond v. Chakrabarty[9] 대법원 판결에 의해서 촉발된 생물의료 분야에서의 진척 상황에 의문을 제기하는 것이었습니다. 이 판결에서는 '하늘 아래 인간이 만든 모든 것'이 특허의 대상으로 인정되었으며, 그것을 기초로 Chakrabarty가 만든 '기름을 먹어 치우는 박테리아'가 특허의 자격을 최종적으로 얻을 수 있었습니다.

이 Bilski 판결이 제시한 기준에는 문제가 있습니다. 첫째는 특허의 기본 요건은 어디에나 동일해야 함에도 불구하고 BM 특허에 대해서만 유독 엄격한 심사를 요구하게 되었다는 점입니다. 우선, 특허 대상의 종류를 나누는 것은 특허 유형의 분류에 있어 불필요한 문제를 야기합니다. 또한 좁은 물리주의적인 시각에 의존할 경우 물리적 구현체가 아닌 발명 속에 담겨 있는 내용의 핵심을 간과할 수도 있습니다. 특허의 핵심적 내용은 거래 프로그램, 의학용 진단 방법 등 다양한 응용 분야에 존재하고 있습니다. 학계와 특허계의 전문가들 대부분은 이전의 Chakrabarty 때의 기준을 유지하기를 원합니다. 저 역시도 이 원칙이 대법원에서 유지되기를 바랍니다.

또한 미 대법원은 KSR International v. Teleflex, Inc.[10]사건에서 특허 신청이 갖추어야 할 진보성 판단 기준을 만장일치로 강화하였습니다.

---

7) 149 F.3d 1368(Fed. Cir. 1998).

8) *In re Bilski*, 545 F.3d 943, 954(Fed. Cir. 2008).

9) 447 U.S. 303(1980).

10) 550 U.S. 398(2007).

위에서 언급된 1952년 특허법의 초안을 잡은 길레스 리치 Giles Rich 판사는 특정 발명에 대한 이의신청자가 해당 발명이 진보성 조건을 충족시키지 못함을 주장할 수 있는 유일한 방법으로 '교시－암시－동기 테스트(T－S－M Test; teaching－suggestion－motivation test)'를 제안한 선구자였습니다. 미 대법원의 KSR 판결 이후 "선행 기술, 해당 문제의 당연한 원리, 또는 동업에 종사하는 사람이 가질 수 있는 일반적인 지식이 선행 기술의 가르침을 결합하는 데 동기를 부여하거나 암시한 것으로 밝혀진 경우에만, 해당 특허에 진보성이 없다고 판단 내릴 수 있다."[11]는 원칙이 확립되었습니다. 1심 법원인 지방 법원은 이 기준을 적용해서 Teleflex의 특허를 무효라고 판단했습니다. 특허 청구인의 '조절 가능한 가스 페달'이 기존의 특허들로부터 바로 나올 수 있는 조합이었기 때문입니다.[12] 하지만 이러한 판단은 연방항소법원에 의해 뒤집혔습니다. 연방항소법원은 T－S－M 테스트를 과도하게 세부적인 수준까지 적용하였습니다.[13]

이 사건은 결국 대법원에까지 갔습니다. 이때 대법원이 만약 지방 법원의 판단을 그대로 반복하였더라면 특허계에 새로운 파문을 낳지 못했을 것입니다. 하지만 대법원은 T－S－M 테스트를 일단 배제하였습니다. 해당 테스트가 너무나 '형식적' 접근에 치우쳐 있다는 이유에서였습니다. 또한 선행 기술에 과도하게 의존한 나머지, 진보성 판단을 전체적으로 바라보지 못했다는 비판도 덧붙였습니다. 이로써 T－S－M 테스트는 진보성을 판단하기 위한 '유일한 방법'에서 '여러 방법 중 한 방법'으로 전락하였습니다.

---

11) Id at 399.

12) Teleflex, Incorporated v. KSR International Co., 298 F. Supp. 2d 581(E.D. Mich., 2003).

13) Teleflex, Incorporated v. KSR International Co., 119 Fed. Appx. 282 C.A. Fed.(2005).

오랫동안 굳어져 버린 테스트와 형식적인 기준을 무조건 받아 들이라는 것이 아닙니다. 그러나 대법원은 T-S-M 테스트가 어떻게 그처럼 오랜 기간 동안 성공적으로 적용되어 왔는지에 대해서 잘 생각해 봐야 했습니다. 리치(Rich) 판사의 T-S-M 테스트가 가지는 가장 큰 장점은 지식의 상태에 대해 객관적인 증거를 요구한다는 데 있습니다. 이로써 사실 관계는 뒤로한 채 자신의 주관적인 감정을 내세우는 기회주의자를 배척할 수 있었습니다. 굳이 KSR 테스트를 더하지 않더라도 '가스 페달 설계'처럼 진보성을 갖추지 못한 발명이 전통적인 이 테스트를 통과하지는 못했을 겁니다. 통상적인 제품의 개선이 일어나는 양상을 생각해 볼 때, 기계의 물리적 부분을 재배열(reconfiguration)하는 정도의 발명이라면 이러한 '진보성 없음' 테스트에서 살아남기 힘들 것입니다. 분명히 장점을 갖춘 이러한 대다수의 발명들을 T-S-M 테스트의 대안으로 제시된 기준이 막을까 봐 심히 우려됩니다.

미 대법원은 진보성 요건을 엄격히 해석할수록 기술 혁신이 촉진될 거라고도 했습니다. 이처럼 하류(downstream) 발명을 쉽게 만들려고 상류(upstream) 특허의 여지를 줄이는 사고방식은 대법원이 흔히 범하는 심각한 오류입니다. 이 문제에 대한 올바른 시각을 가지려면 다음과 같은 두 가지 효과를 추가로 고려해야 합니다. 첫째, 하류 발명에 대한 보호가 새로운 연구의 기반을 줄여서 상류 발명을 질식시킬 수 있으며, 어느 쪽의 효과가 더 클지를 따져 봐야 한다는 것입니다. 아울러 새로운 방법에 의해 초래되는 행정적 불확실성은 전체 시스템 운영을 해칠 것인데, 저로서는 이를 상쇄할 만한 장점을 발견하지 못했습니다. 저는 KSR 사건이 미국 특허법에 큰 변화를 주었다고는 생각하지 않습니다. 대부분의 사건들이 두 테스트를 거치면서 비슷한 결과를 가져올 것이기 때문입니다. 그렇더라도 KSR 판결로 인해 행정비용이 훨씬 높아질 것임을 생각해 보면 새로운 시스템을 좋다고 말하기 어렵습니다. 그리고 그 판결은 현재의 미 대법원이 전통적인 특허의 원칙에 대해 회의를 품고 있음에 대한 증거가 되고 있습니다.

구제수단과 라이선스. 이러한 우려들은 권리구제방법과 라이선싱에 대한 미 대법원의 최근 판결에서 더 명백해졌습니다. 구제방법과 라이선싱은 밀접하게 연결되어 있습니다. 구제방법과 관련하여 저는 금지청구로 대표되는 강력한 재산권을 선호합니다. 라이선싱에 있어서는, 특허권자와 특허를 사용하고 싶은 자 사이에 완벽한 거래의 자유가 보장되어야 합니다. 만약 금지청구권이 없다면 자발적인 라이선싱 체계는 무너질 것입니다. 금지청구권이 보장되지 않을 경우에는, 타인의 특허 기술을 사용하고자 하는 사람이 일단 특허를 무단으로 침해한 후 소송으로 가기를 감수할 것입니다. 소송을 당하더라도 법원이 지급을 명하게 될 소위 상당한 수준의 로열티 또는 일실이익에 대한 손해배상 액수가 매우 적을 수 있기 때문입니다.[14]

최근 미국 대법원의 판결은 뚜렷이 잘못된 방향으로 나아가고 있습니다. 2006년 선고된 eBay v. MercExchange[15]에서 법원은 금지청구를 결정하기 위해 다음과 같은 네 가지 요소를 비교 형량해 볼 것을 제시하였습니다.

(1) 손해가 회복 불가능한지의 여부 (2) 금전배상과 같은 법적인 구
제책이 손해를 배상하는 데 부적적절한지 여부 (3) 원고와 피고의

---

14) 이 시스템의 옹호에 관한 저자의 가장 최근의 글은 2010년에 출간될 아래 논문 참조. Richard A. Epstein, *The Disintegration of Property:* A Classical Liberal Defense Against a Premature Obituary, _____ Stan. L. Rev. _____(2010).

15) 547 U.S. 388(2006).

손해를 비교해 보았을 때 형평법상의 구제(금지청구)가 필요한지
여부 (4) 금지청구가 공익에 부합하는지 여부[16]

이 테스트에 의거하여 법원은 특허 침해가 인정되더라도 자동적으로 금지 청구가 인용되는 것은 아니라고 판시하였습니다.

이렇게 사실조사를 강화시킨 테스트를 도입함으로써 어떠한 좋은 점이 있었는지는 알기 힘듭니다. 일단 첫 번째와 두 번째 요건은 결국 같은 말을 하고 있습니다. 다른 유형의 구제방법이 부적절할 때에만 손해는 회복 불가능하다고 할 수 있습니다. 손해를 측정하기 힘들 때 이런 일이 발생합니다. (세 번째의 요소와 관련하여) 원고와 피고 모두 다 자기가 더 고통스럽다고 할 것이기 때문에 어느 쪽의 어려움이 더 클지는 증명할 수도, 수량화할 수도, 평가하기도 어렵습니다. 결국은 어느 쪽 편을 들기도 어려울 것입니다. 그렇다면 처음부터 그런 테스트는 시작하지 않는 것이 더 좋을 것입니다. 또한 네 번째 테스트에도 문제가 있습니다. 새로운 혁신을 촉진할 것인지 아니면 그보다는 이미 이루어진 혁신적 기술의 이용을 촉진할 것인지 간에는 트레이드 - 오프 관계가 있습니다. 그리고 두 가지 모두 공익의 서로 다른 모습입니다(역자 주). 네 번째 테스트는 매 사안마다 이 두 가지 사이의 상쇄관계를 따져 보자는 것입니다. 하지만 간략한 조사만이 가능한 실제 사건에서는 위와 같은 사항들을 충분히 고려할 수 없습니다. 또한 이것은 깜짝 놀랄 일로 치부될 일도 아닙니다. 특허 침해 관련 구제방법 전반을 흐르고 있는 트레이드 - 오프 문제는 결국 공공의 이익을 위한 것입니다. 그런 상태에서 네 번째의 요소를 더 더하는 것이 어떤 이점을 가져다줄지 두고 볼 일입니다.

---

16) Id at 391.

이와 관련하여, 특허 침해 구제에 대한 여러 가지의 추상적인 문제들이 eBay 판결을 가능하게 했던 망령에서 빠져 있음을 기억하시기 바랍니다. 어느 한 사람이 여러 부분으로 구성된 대형 소프트웨어의 극히 일부분에 해당하는 특허를 가지고 있다고 해 봅시다. 우려가 되는 부분은 극히 작은 특허를 가졌더라도 전체 소프트웨어의 판매를 정지시키거나 또는 이미 판매된 제품을 수거해야 하는 상황까지 발생할 수 있다는 것입니다. 시장 가치가 사실상 거의 없는 작은 특허가 큰돈을 벌어들이는 특허를 중지시킬 수도 있다는 것입니다. 우리는 이러한 일이 일어나지 않을 것이라 말할 수 없습니다. eBay 사건과 같은 사건이 언제든지 다시 일어날 수 있습니다. 물론 기존의 판례 중에 eBay와 동일한 사건은 없습니다. 또 흔해 빠진 부동산 관련 사건들에서도 이와 비슷한 사례를 찾아보기 어렵습니다. 더 나아가 이 문제를 해결하기 위해서 금지 명령을 내리는 기본 원칙을 폐기할 이유가 없습니다. 원·피고 간 손해의 비교형량을 고려하더라도, 금지명령을 내리는 시간을 조금 연기하는 정도면 충분합니다. 그 사이에 특허를 침해한 피고가 문제의 작은 특허라 불리는 것을 피해서 다른 해법을 찾거나 또는 작은 특허의 소유자와 협상을 벌여서 라이선스를 구매할 수 있을 것입니다.

따라서 대법원이 하급 법원에 정교한 테스트를 제정하라고 압박을 가한 것은 실수였습니다. 특허 제도의 실효성을 위축시킬 수 있기 때문입니다. 다행히도 모든 특허권자들이 직접적인 경쟁자에 대해서 금지 명령 청구를 얻어 내고 배타적 라이선시(licensee)에도 동일한 권리를 부여하는 것을 허용하는 것이 대세라고 봅니다. 그러나 이는 통상실시권에 대해서는 불확실한 상태입니다. 모든 특허권자에게 침해금지명령을 이용해 특허권을 보호할 수 있게 하는 것이 올바른 길입니다.

이것이 허용되지 않는다면 누구도 침해정지 청구를 얻어 낼 수 없을 것이고, 그렇게 되면 특허 라이선시들은 자발적인 거래를 통하기보다는 일단 타인의 특허를 침해해 놓고 소송으로 가는 것을 택할 가능성이 높아집니다. 상거래에는 손해배상의 원칙(liability rules)이 아니라 재산권 원칙(property rules)이 더 낫습니다.[17] Blackberry wireless를 둘러싼 특허권 문제를 해결하기 위해 RIM(Research in Motion)사가 특허권자인 NTP에 6억 1,250만 달러라는 거액을 지불한 적이 있습니다. 그 금액이 큰 것은 사실이지만, 해당 특허가 전체 사업에 기여하는 가치에 비하면 그리 커 보이지 않습니다.[18] 한편 Broadcom과 Qualcomm 사이의 분쟁에 있어서, 브로스컴(Broadcom)이 국제무역위원회(International Trade Commission)에의 제소를 통해 퀄컴(Qualcomm)에 대한 금지청구를 받아 냈는데, 그럼에도 불구하고 퀄컴의 특허를 사용(퀄컴의 칩이 들어간 휴대폰 판매)하던 이동통신사업자인 버라이존(Verizon)의 서비스가 중단되지는 않았습니다. 상황이 새로워진 만큼 퀄컴과 새로운 협상을 할 수 있었기 때문입니다.[19] 지금까지 많은 특허 소송이 있었고 그로 인한 금지청구 판결이 있었지만 그것 때문에 통신서비스가 중단된 적은 없습니다. 금지명령이 이루어질 경우에도 다만 합의금의 액수만이 문제될 뿐이었습니다. 물론 그 금액은 크지만, 그것은 결국 그 특허의 정당한 가치를 반영한 것입니다.

　미 대법원이 바꾼 정책 중 두 번째 영역은 라이선싱입니다. 두 가지

---

17) 이에 대한 논의를 위해서는 아래 논문 참조. Richard A. Epstein, A Clear View of *The Cathedral*: The Dominance of Property Rules, 106 Yale L.J. 2091(1997).

18) Rob Kelley, BlackBerry maker, NTP ink $612 million settlement
http://money.cnn.com/2006/03/03/technology/rimm_ntp/

19) 버티기 위험(hold out risk)을 과대평가한 논의에 관하여 아래 논문 참조. Michael Heller, THE GRIDLOCK ECONOMY: HOW TOO MUCH OWNERSHIP WRECKS MARKETS, STOPS INNOVATION AND COSTS LIVES, 100－102(2008).

진전된 상황을 참고하는 것이 좋겠습니다. 첫째로 대법원은 *MedImmune, Inc. v. Genentech, Inc.*[20] 판결에서 실시권자가 특정 특허에 대해 로열티를 계속 지불하면서도 특허권자에게 해당 특허의 무효를 주장할 수 있는지에 대해 명시적으로 밝히지는 않았습니다. 이 사건은 기존 부동산 계약에 적용되던 것으로서 라이선스를 받은 사람이 라이선스를 준 사람의 소유권에 대항하지 못한다는 원칙이 지식재산권에는 적용되지 않는다고 판시한 *Adkins v. Lear, Inc.*[21]라는 이전 대법원 판결 때문에 발생했습니다. 대법원은 당시 기존에 부동산에 적용하던 금반언의 원칙을 지식재산권에는 적용하지 않았는데, '완벽하고 자유로운 경쟁'은 특허를 공적인 영역에 두었을 때 활성화된다는 것이 그 이유였습니다. 하지만 이러한 견해 역시 KSR 사건에서와 같은 오류를 내포하고 있습니다. 특허법은 상류(upstream) 특허에 대한 영향력을 고려하지 않은 채 하류(downstream) 특허를 늘리는 것에만 매달려서는 안됩니다. 이 문제는 생각보다 심각합니다. *Atkins v. Lear* 판례가 전통적인 금반언의 원칙이 가져오는 숨은 장점을 부정했기 때문입니다. 기존의 금반언의 원칙은 특허권자가 실시권자로부터 소송당하는 것을 두려워하지 않고 실시권자에게 특허를 효과적으로 활용할 수 있도록 특허에 대한 보다 많은 정보를 제공할 수 있게 하는 발판이 되었습니다. MedImmune 사건에서는 Lear 판례에서 금반언의 원칙을 부정한 것보다 한 걸음 더 나아갔습니다. 왜냐하면 실시권자가 특허에 대항하면서도 로열티를 계속 지급할 수 있었기 때문입니다. 이는 Lear 판례 하에서 특허가 유효한 것으로 판단될 경우 침해소송에서 질 위험을 떠안아야 했기 때문에 과감히 소를 제기할 수 없게 했던 큰 장애물을 제거한 것입니다. 실시권

---

20) 549 U.S. 118(2007).

21) 435 P.2d 321(Cal. 1967), vacated by 395 U.S. 653(1969).

자가 특허권자에게 로열티를 지불하면서 동시에 특허권자에게 소송을 제기할 수 있게 함으로써 패소의 위험을 제거함에 따라 특허 분쟁을 합의로 종결하기 어렵게 만들었습니다. 이제 실시권자는 언제든지 소를 재차 제기할 수 있게 되었습니다. 대법원은 Lear 판결의 테두리 안에서 현상유지 하는 것이 바람직합니다.

두 번째로 살펴볼 미 대법원의 라이선스 관련 판례는 *Quanta Computer, Inc. v. LG Electronics*[22]입니다. 이 사건에서는 소위 특허권 소진(exhaustion doctrine) 이론을 다루었습니다. 이 이론은 특허권자가 특허제품의 최초 구입자에 대해서만 특허권을 주장할 수 있다는 것입니다. 따라서 애초 구입자로부터 선물받거나 구입한 제삼자에 대해서는 특허권자가 특허를 주장할 수가 없습니다. 설사 특허권자가 제삼자에 대해서도 특허권을 행사할 수 있다고 충분히 고지했더라도 마찬가지입니다. 이 이론은 긴 역사를 가지고 있습니다. 그리고 많은 경우에 설득력이 있습니다. 예를 들어, 대부분의 소비재에 있어서 특허권자는 오직 한 번만 로열티를 청구할 것입니다. 자동차부터 컴퓨터에 이르기까지 수많은 제품들이 중고시장에서 거래됩니다. 각 제품들에는 수많은 특허권자들이 관여되어 있을 텐데, 그들이 모두 중고품의 구매자들에게까지 특허사용료를 내라고 소송을 제기한다면 감당하기 어려운 상황이 올 것입니다. 하지만 그렇다고 해서 그런 소송을 법적으로 금지할 필요는 없습니다. 어떤 특허권자도 실제로 이러한 소송을 제기하지는 않을 것이기 때문입니다. 특허권자가 최초 구입자로부터는 로열티를 적게 받고 특허의 가치가 현저히 감소한 중고시장에서 추가 수익을 얻으려는 생각을 하지는 않을 것입니다. 따라서 어떤 특허권자도 중고시장의 구매자들에

---

22) 128 S. Ct. 2109(2008).

게 로열티를 부과하겠다고 공지를 해서 소비자들에게 악감정을 불러 일으키지는 않을 것입니다. 그래 봐야 괜히 신제품의 판매에 악영향만 미칠 것이기 때문입니다.

하지만 Quanta 사건에서처럼 규모가 크고, 법률에도 능통한 대형업체들이 관여된 거래에서는 이중 가격제가 효과적일 수 있습니다. 이 사건에 있어서, LG전자는 자신이 Intel사에 제기한 소송에서 Intel사와 화해하였는데, LG전자는 화해조건으로 Intel이 자사의 고객들에게 LG전자가 재판매된 특허요소에 대해 2차 로열티를 부과할 수 있다는 점을 고지할 것을 요구했습니다. 이 고지는 모든 제삼자에게 소유권상태를 알려 그들이 그에 따라 행동하도록 유도함으로써 마치 부동산거래에 있어서 등기와 동일한 효과를 낳았습니다. 이렇게 본다면 이중 로열티라는 장치는 사용 강도에 따라 사용자별로 서로 다른 사용료를 부과함으로써 경제적 효율성을 높일 수 있습니다. 만약 Intel이 사용의 강도와 무관하게 일정한 그 금액을 사용료로 부과했다면 이런 효율성 효과는 발생하기 어려웠을 것입니다. 이중 요금제는 단일 사용료만 부과하는 경우보다 특허로 인한 수입을 늘려 줄 경우가 많습니다. 그리고 해당 특허의 독점력이 없는 한, 특허에 따른 예상 수입의 증가는 특허를 받기 위한 투자를 늘리기 마련입니다. 부동산 침탈의 경우 소유권의 조건에 대한 고지를 받은 제삼자에 대해서도 소송이 가능한데, 위와 같은 사례에서도 그러한 원칙의 적용을 배제할 이유는 없어 보입니다.

따라서 특허권자가 직접적으로 하류 시장의 사용자에게 사용료를 부과할 수 없다면 경제적 효율성은 손상될 수 있습니다. 미 대법원은 계약에 관한 소송을 통해서 LG전자가 Quanta사에 직접 사용료를 청구할 수도 있을 것이라고 암시를 주었지만, 이는 매우 비효율적 접근법입니다. 특히 쌍방 사이에 당사자 관계(privity)가 없을 경우에는 더욱 그렇습니다. 이러한 문제점을 해결하는 유일한 방법은 Intel이 Quanta 로부터 LG전자에 로열티를 납부하겠다는 약속을 이끌어 내는 것이고, LG전자는 제삼자를 위한 계약의 수익자로서 본인의 이름과 이익으로써 그러한 약속을 강제할 수 있는 명시적 권리를 행사하는 것입니다. 하지만 만약 Quanta가 Intel과의 계약 문제를 삼아(예를 들어 Intel의 사기행위로 계약을 체결하였다는 등의 주장을 하며) LG전자의 소송에 대응할 수 있다면, 이러한 해결책은 불필요하게 복잡해집니다. 명시적인 고지라는 손쉬운 방법으로도 얼마든지 같은 결과를 얻을 수 있는데 무엇 때문에 그리 거추장스러운 길을 택하겠습니까? 3자 사이의 이러한 특허 거래 방식은 자원의 분배를 왜곡하는 외부 효과를 발생시키지 않습니다. 계약 자유의 원칙을 보장함으로써 특허의 전반적인 가치를 높일 수 있을뿐더러 LG전자와 Intel 같은 당사자들 사이의 화해를 촉진시킬 수도 있습니다. 그로 인해 제삼자에게 어떠한 부정적 영향도 미치지 않습니다. 결론적으로, 특허권 소진 이론이 내포하고 있는 거래의 자유에 대한 제한은 그 누구에게도 이득이 되지 않습니다.

결론. 지식재산권이 가진 기본적인 문제점은 어느 나라에서나 비슷합니다. 이러한 전제하에서, 저는 이 책의 원저인 *Intellectual Property in a Technological Age*가 출간된 이후 미국의 대법원에 의해 내려진 주요 특허 판결들의 변화 양상을 살펴보았습니다. 결론적으로 말하자면 특허를 사회적 혁신의 수단으로 보게 된 결과 특허 제도에 대해서 바람직하지 않은 제약을 많이 가하게 되었습니다. 물론 기존의 특허 제도가 완벽하다고 말하는 것은 아닙니다. 어떤 법체계에서든 특허를 심사하고, 권리의 기간과 범위를 정하는 일은 본래부터 어려운 일입니다. 그래서 점진적 개선을 이룰 여지는 있지만, 완벽한 제도를 만들어 낼 수는 없습니다.

특별한 해결책이 아니더라도 특허 시스템의 전반적인 운영을 현저히 개선할 수 있는 길이 있기는 합니다. 오히려 유별난 해결책은 특허법의 좋은 부분까지 훼손시킬 수 있습니다. 일반적으로, 특허 범위를 넓게 인정하고 진보성 요건을 현명하게 해석하면 두 조건을 과도하게 좁게 해석하고 적용할 때에 비해 보다 많은 유용한 발명들을 특허 시스템 안으로 끌어들일 수 있습니다. 또 특허 침해를 구제함에 있어 금지 처분을 많이 인정함으로써 제삼자의 기회주의적 태도를 방지하고 자발적인 라이선스를 장려할 수 있습니다. 자유로운 특허 거래에 대한 제한을 최소화할수록 기술개발투자로부터 더 큰 수익을 얻을 수 있습니다. 불행하게도 미 대법원은 기존 특허 시스템의 단점을 치유하는 데에만 지나치게 몰두한 나머지 규칙이 단순하고 명료해야 제품의 혁신이 촉진되고 사회 후생도 증가한다는 사실을 잊은 듯합니다.

옛말에 "가만히 있는 자는 도태된다."라는 격언이 있습니다. 미국 경제도 이 속담의 예외가 아닙니다. 혁신은 성공의 핵심입니다. 혁신은 생산성뿐만 아니라 미국인의 평균 노동임금과 삶의 질을 향상하였습니다. 연구에 따르면, 미국인 1인당 소득 향상분의 85%는 기술적 진보가 가져온 것입니다. 이렇게 특수한 과정의 중심에 제조업이 있기에, '제조＝기술＝생산성'이라는 방정식이 굳건하게 유지되고 있습니다.

R&D가 이러한 상황을 가장 잘 보여줍니다. 국내총생산에서 제조업이 단순히 차지하는 비율은 12%입니다. 하지만 제조업은 민간 R&D에서 60%에 가까운 비중을 차지합니다. 대단한 수준입니다. 중국과 인도와 같이 큰 규모의 개발도상국이 제조 기지를 자처하고 있다는 사실은 놀라운 일이 아닙니다. 그 국가들은 제조업과 경제 성장률 간의 상관관계를 알고 있는 것입니다.

미국이 기술과 제조 분야에서 날로 치열해지는 국제적 경쟁을 무시할 수는 없습니다. 이러한 상황일수록 미국은 혁신과 신기술산업에 집중해야 합니다. 미국 정부 안팎의 인사들이 미국의 강력한 경제력과 탁월한 기술력이 당연히 주어진 것이라 생각하는 것은 안타까운 일입니다. 지식재산권, 과학기술에 대한 투자 등 경제 발전을 위한 기본적인 정책들이 무시되고 있습니다. 이에 우리의 연구는 혁신적 경제의 활성화를 위한 5가지 주요한 요소를 제시하였습니다.

- 새로운 제품과 생산 과정을 개발할 과학·수학·공학 분야의 잘 훈련된 전문가와, 기술 공정에서 효율성을 높여 줄 수 있는 잘 훈련된 기술자
- 기초연구에 대한 연방정부의 많은 투자
- 폭넓은 금융서비스를 통한 손쉬운 자금 조달
- 새로운 아이디어와 과정에 대한 열린 자세
- 혁신자들이 위험을 보상받을 수 있는 강력한 지식재산권 제도

위 혁신 경제의 5가지 요소는 제조업의 미래와 밀접하게 연관되어 있기에, 미국제조업연구소(The Manufacturing Institute)는 그 목적을 이해하고 발전시켜 나가고 있습니다. 올해 초부터 본 연구소는 신제조업혁신(New Manufacturing Innovation) 시리즈를 발간하였습니다. 시리즈는 앞서 언급한 5가지 요소를 다루고 있습니다. 본 'Intellectual Property for the Technological Age'는 이 시리즈의 일부로 발간되는 것입니다.

본 보고서는 국내·외적으로 기술적 진보를 위해 특허·저작권·영업비밀이 얼마나 중요한지를 설명함으로써 우리의 이해를 높였습니다. 특허 등을 모두 통틀어 지식재산권이라 부릅니다. 오늘날 우리가 볼 수 있는 거의 모든 혁신적인 경제 발전은 이 지식재산권으로부터 생겨난 것입니다. 반도체, 신약, 고효율의 모터, 소프트웨어, 기록장치, 화학물질, 비료 그리고 새로운 음식 등이 그 예입니다. 우리는 지식재산권과 기술적 혁신 간의 관계의 중요성을 직접 목격하였습니다. 지식재산권의 중요성은 다른 국가에서도 마찬가지입니다. 예를 들자면, 최

근 인도는 지식재산권 제도를 강화하였습니다. 이에 따라 외국 발명자들은 인도에서 자신의 지식재산권이 잘 지켜진다는 믿음을 갖게 되었습니다. 이들은 인도에 투자를 늘렸고, 그 결과 인도가 이득을 얻었습니다.

이 보고서의 저자인 엡스타인(Richard Epstein) 교수는 훌륭한 법학자입니다. 엡스타인(Epstein) 교수는 시카고대학교와 후버연구소(Hoover Institution)에서 강의 및 연구 활동을 하고 있습니다. 그는 지식재산권에 관한 법률 시스템이 어떻게 생산 등의 분야에 혁신을 가져올지 잘알고 있습니다. 이 백서는 선출직 고위 공무원, 정부 규제 담당자 그리고 지식재산권과 관련 있는 산업의 전문가를 위해 만들어졌습니다. 물론 비전문가들에게도 강력한 지식재산권 제도가 우리 경제에 어떻게 긍정적인 영향을 미칠 수 있는지를 설명해줍니다.

본 보고서에서 엡스타인(Epstein) 교수는 지식재산권 제도에 대한 오해를 제대로 해명합니다. 그런 오해들은 보통 다음과 같습니다.

- "지식재산권은 정적이다. 지식재산권자는 자신의 지식재산권에 과도한 대가를 요구한다. 이들은 독재자다."
- "지식재산권은 혁신을 저해한다. 지식재산권법을 강력하게 실시하면 새로운 기술 개발이 저해된다."

- "지식재산권은 비용이 많이 든다. 지식재산권법의 집행은 번거롭고 비용이 많이 든다. 현행 제도를 바꾸거나 폐지해야 한다."

물론 이러한 비판들은 민주적인 토론에서 이런 비판들이 제기되는것은 자연스럽습니다. 그러나 이러한 비판들에 대한 재반박을 들어 보는 것 역시 필요합니다. 엡스타인(Epstein) 교수는 지식재산권에 대한 비판들이 지식재산권자가 새로운 경쟁자의 진입을 방해한다는 잘못된 전제 위에 서 있다고 말합니다. 물론 법 규정은 지식재산권에 대한 무단 복제를 금지합니다. 하지만 지식재산권법이 새로운 발명을 금지하는 것은 아닙니다. 지식재산권에 대한 비판들의 실체를 제대로 이해하지 못하면, 잘못된 정책으로 이어질 위험이 있습니다. 일부 잘못된 지식재산권 사례를 통해, 지식재산권에 대한 비판이 꾸준히 증가하고 있습니다. 대기업과 중소기업을 대상으로 실시한 설문 조사는 입법부 또는 사법부가 지식재산권 제도를 약화할 경우 그것이 기업 경영 및 국가 경제에 대해 악영향을 미칠 것이라는 우려를 보여줍니다.

오늘날 미국은 세계에서 가장 혁신적인 국가입니다. 그러나 선두를 지키기 위한 노력을 하지 않는다면, 다른 나라에게 결국 뒤처질 것입니다. 이는 다른 학자들도 지적한 내용입니다. 지식재산권 제도를 보강하고 특허청을 강화해야 합니다. 제조업의 밝은 미래를 꿈꾸는 공무원들께 이 보고서를 읽어 보시길 강력히 권합니다.

제리 자시노우스키(Jerry J. Jasinowski)

엡스타인교수는 시카고대학교(University of Chicago)의 James Parker Hall Distinguished Service 법학 교수입니다. 그리고 후버연구소(Hoover Institution)의 Peter and Kirsten Bedford 선임연구위원도 겸임하고 있습니다. 그는 지식재산권 전반에 대한 저술 활동뿐 아니라, 반독점법·경제규제·정치이론·재산권에도 관심을 가지고 있습니다. 또한 하이테크 영역과 소비자 영역 간을 학문적으로 연구하고 컨설팅한 경험이 있습니다. 그는 파이낸셜 타임즈(Financial Times)의 정기적인 인터넷 칼럼니스트이기도 합니다. 그가 가장 최근에 지은 저서는 How Progressive Rewrote the Constitution(Cato Institute, 2006)입니다. 제약산업에 관해 쓴 Overdose: How Excessive Regulation Stifles Pharmaceutical Innovation은 2006년 가을에 Yale University Press를 통해 출간될 예정입니다. 엡스타인교수에 대한 더 상세한 정보는 인터넷 홈페이지 (www.law.uchicago.edu/faculty/epstein/)에서 확인할 수 있습니다. 이번 책을 펴내는 데에는 엡스타인교수의 연구 조교 저스틴 허윗(Justin(Gus) Hurwit)(시카고대 로스쿨 2007 졸업)와 데이빗 스트랜드니스(David Strandness)(스탠포드 로스쿨 2007 졸업)의 도움이 컸습니다.

미국 제조업연구소의 빌 케인스(Bill Cains)와 전이제조업자협회 (National Association of Manufacturers (NAM))의 데이빗 페이톤(David Peyton)이 각 소속기관을 통해 본 보고서에 좋은 아이디어를 제공하고 출판 관련하여 도움을 주신 부분에 대해 특별히 감사드립니다. 또한 동 협회의 키티 브림스(Kitty Brims) 편집장과 프로덕션 아티스트 로니 허체이슨(Ronni Hutchason)에게도 감사의 말씀을 전합니다.

　미국의 기술발전에 대한 지적재산권의 기여는 최근에 들어 최고조에 달했다. 역설적이게도 그러한 시기에 이 제도의 존재의의에 대한 비판이 전방위적으로 가해지고 있다. 지식재산권 제도를 전반적으로 뜯어고쳐서 전체적으로 그 효력을 약화시켜야 한다는 사람이 있는 반면 심지어는 지식재산권 제도의 중요 요소를 폐기해서 실질적으로 없애 버리자고 주장하는 사람도 있다. 그러나 지식재산권에 대한 이러한 비판들은 특허 제도의 극단적 오·남용 사례를 보고 확대 해석한 것이다. 예를 들어 어린이들이 그네를 타는 새로운 방법에 대한 특허라든가, 한 번의 클릭으로 쉽게 인터넷 쇼핑을 할 수 있는 방법(one – click online shopping)처럼 엉터리 같은 특허들 말이다.

　본 보고서에서 시카고대학교 로스쿨 엡스타인교수는 오늘날 지적재산권을 둘러싸고 제기되고 있는 크고 작은 불평들에 대해 검토해 본다.

- 그는 지식재산권 제도가 미국에 기여한 것을 평가함에 있어 일부 특이한 사례를 침소봉대해서 전체가 잘못되었다고 섣불리 결론짓는 것은 잘못이라고 단언한다.

- 그는 자연법칙이나 아이디어, 통상의 언어처럼 공공의 영역에 속해야 하는 지식재산과 발명, 저작물, 영업비밀처럼 지식재산권으로 강력히 보호해야 할 지식재산을 어떻게 구분할 것인지에 대해서 설명한다.
- 그는 지식재산에 대한 배타적 권리가 자격도 없는 사람에게 인심 쓰듯 제공되는 선물이 아니라 새로운 기술이 신속하게 도입되도록 함으로써 소비자와 생산자 모두에게 선택의 기회를 넓혀 주는 불가피한 도구임을 주장한다.
- 그는 더 나아가 지식재산권 보유자들이 파편화된 지식재산권들을 가지고 대규모의 사업을 수행하기 위해 어떤 식으로 정교한 계약 체계를 만들었으며, 또 그러는 과정에서 위반하기 쉬운 반독점법상의 규제를 어떻게 비켜 갔는지를 보여준다.
- 그는 활발한 시장을 유지하려면 강제 라이선스와 기타 강제 규정들은 예외적인 상황에 있어서 최후의 수단으로 이용해야 한다고 결론짓는다.

엡스타인 교수는 또한 특허·저작권·영업비밀 제도에 대한 세부적 운영 규정들이 어떻게 기술 진보에 기여했는지를 설명해 준다. 그는 지식재산권이 토지재산권이나 기타 유형의 재산에 대한 권리에서처럼 정확성을 유지할 수는 없다는 사실을 일깨워 준다. 하지만 그는 개별 지적재산권 분쟁을 해결하는 과정에서 동원되는 타협책들이 다음의 두 가지 상충하는 요구들 사이에서 제법 균형을 잘 맞추어 왔음을 보여준다.

- 기술혁신을 촉진하기 위해 필요한 배타적인 권리
  잘 고안된 거래를 통해서 촉진되는 새로운 기술의 폭넓은 확산
- 이러한 균형에는 실험적 실시와 공정 이용, 공공 영역의 보호와 같은 공적인 장치들도 포함된다.
- 또한 엡스타인 교수는 지식재산권에 있어 가장 필요한 개혁 두

가지를 제시한다. 첫째, 지식재산권에 관련된 공공 투자가 필요하다. 특히 특허 심사 제도를 향상시키기 위한 부분에 많이 투자해야 한다. 둘째, 지식재산권에 대한 해적행위를 막기 위한 법적 제도를 강화해야 한다.

엡스타인 교수는 현재의 지식재산권 제도가 완벽하다는 유토피아식의 과장된 주장은 하지 않는다. 대신 기술의 중요성이 한층 커진 현대 경제에 있어서 지식재산권 제도에 대한 올바른 접근은 점진적 적응과 개선을 추구하는 것이지, 급진적으로 제도를 폐지하는 것이 아님을 분명히 밝히고 있다.

CONTENTS

제 1 부
지식재산권 제도에 대한 비판을 평가한다

제 2 부
지식재산권법 내부의 작동원리

첨단기술시대를 위한 지식재산권 제도

　　성숙 단계에 들어선 지식재산권. 이 연구는 다음과 같은 단순하지만 강력한 전제에서 출발한다. 즉 첨단기술시대의 사회 진보는 지식재산의 창조 및 보호와 밀접히 연관되어 있다는 것이다. 이 같은 명제의 힘은 두 가지 면에서 확실히 느낄 수 있다. 첫째, 컴퓨터, 전자공학, 각종 의약품과 화학물질 등의 수많은 발명품들로부터 얻을 수 있는 엄청난 사회적 이익들은 지식재산권 보호라는 사회적 보호장치 아래서 형성된 것이다. 둘째, 오늘날 엄청난 규모의 지식재산권 해적행위가 이루어지고 있는데 이는 혁신자들로부터 노력에 대한 대가를 앗아가는 것으로서 기술진보를 위협하고 있다.

　　일반인들의 마음속에 이 같은 두 가지 요소는 상반된 모습으로 공존한다. 한편으로 사람들은 발명이나 저작물, 영업비밀 같은 것은 주택이나 자동차와는 달리 재산이 아니라고 생각한 나머지 지식재산에 대한 해적행위나 절도행위를 별것 아니라고 생각한다. 예를 들어 음악이 담긴 CD를 생각해 보라. 대다수의 학생들은 그 CD가 자기 친구의 것이

라면 꿈에서조차도 훔칠 생각을 하지 않을 것이다. 그러나 인터넷에서
는 동일한 내용의 파일을 아무 죄책감 없이 다운로드받는다. 대중들의
이 같은 이율배반적 정서는 배타적 지식재산권이 발명이나 기술진보
에 오히려 걸림돌이 될 수도 있다고 주장하는 새로운 학자들이나 논문
들 때문에 더욱 악화되는 경향이 있다.

나는 전통적 학풍을 이어받아서인지 지식재산에 대한 기존 제도를
옹호하는 입장이다. 내가 이 책에서 다루려고 하는 것은 지식재산권
제도 전체가 아니라 기술혁신과 밀접히 관련되어 있는 부분에만 국한
된다. 그러기 위해 특허 제도를 가장 중점적으로 다루겠지만, 그것 말
고도 저작권 제도(컴퓨터 프로그램과 관련된 것)와 영업비밀 제도(제조
비법과 관련된 것)도 부분적으로 다룰 것이다. 이런 제도들은 그 역사
적 뿌리가 깊다. 이미 헌법에서부터 지식재산권의 필요성이 인정되어,
의회에 저작권과 특허 제도의 제정권을 부여했다.

> 의회는 다음과 같은 권능을 가진다 …… 저작자들과 발명가들에게
> 제한된 기간 동안 그들의 저작물 및 발견물에 대한 배타적 권리를
> 부여함으로써 과학과 유용한 기예의 진보를 촉진한다.[23]

미국 의회는 헌법에서 그 권한을 인정받자마자 망설임 없이 그것을
구체화하기 위한 법을 제정한다. 1790년의 저작권법[24]과 1790년의 특
허법[25]이 각 해당 분야에서의 지식재산권을 보호하기 시작했고, 이후
두 세기에 걸쳐 그 힘은 계속 팽창해 왔다. 한편 지식재산권의 또 다른
분야인 영업비밀 보호는 주로 주(州) 법에 의존했는데, 그 원칙은 아주

---

23) U.S. Constitution, Article I, §8, cl. 8.

24) 1 Stat. 124(May 31, 1790).

25) Patent Act of 1790, Ch. 7, 1 Stat. 109 – 112(April 10, 1790).

단순했다. 즉 비밀을 알게 된 사람은 그 비밀을 다른 사람에게 누설해
서는 안 된다는 것이었다. 오늘날까지도 영업비밀 보호는 모든 주에
걸쳐 거의 동일한 내용의 주 법[26]으로 보호되고 있지만, 최근 들어 외
국 산업스파이[27] 사건의 경우는 연방법의 추가 보호를 받고 있다. 이
책에서는 저작권법과 특허법, 영업비밀보호법의 세 가지 분야가 근저
를 이루고 있다. 문예창작 및 고객 명단과 관련된 이슈도 매우 중요하
긴 하지만 이 책에서는 다루지 않을 것이다. 또 상표권, 초상권(이름 또
는 생김새), 특정한 아이디어의 보호(신문기사의 줄거리 등) 등도 기술
관련 제품의 마케팅에 중요한 역할을 할 수 있지만, 그것들은 기술혁
신에만 해당되는 것들이 아니기 때문에 이 책에서는 다루지 않겠다.

기술혁신과 관련된 지식재산권 제도의 여러 요소들을 일목요연하게
보여주기는 쉬운 일이 아니다. 로버트 프로스트(Robert Frost)는 좋은 담
장이 좋은 이웃을 만든다고 했다. 경계가 분명하면 싸울 일도 없어진
다는 말이다. 주택처럼 눈에 보이는 재산이라면 그의 말이 맞다. 그러
나 지식재산에 대해서는 분명한 경계선을 긋는 일이 쉽지 않다. 정보
고속도로에는 진짜 고속도로처럼 노란색의 중앙선을 그을 수가 없는
것이다. 또 새로운 발명에 담긴 아이디어는 일반 물건처럼 상자 안에
넣을 수도 없다. 이처럼 지식재산권에는 경계선을 긋기가 어렵기 때문
에 '진보성(non-obviousness)'이나 '유형의 표현매체에 고정화(fixed in a
tangible medium of expression)' 같은 형이상학 책에나 나올 법한 개념에
의존할 수밖에 없다. 지식재산권 제도는 이해하기도 어렵고 혼란스러

---

26) UNIF. TRADE SECRETS ACT: WITH 1985 AMENDMENTS, available at
   http://www.law.upenn.edu/bll/ulc/fnact99/1980s/utsa85.htm(last visited Apr. 6, 2006). 이 법은
   39개 주에서 채택되었음. 다음을 볼 것.
   http://www.nccusl.org/Update/uniformact_factsheets/uniformacts-fs-utsa.asp

27) Economic Espionage Act of 1996, 18 U.S.C. §§ 1831-1839(2000).

운 제도인 만큼 철학적으로든 실용적 차원에서든 반대 의견을 제기하기는 쉽다. 하지만 정작 필요한 것은 현재의 지식재산권법체계가 기존의 재산권 보호와 새로운 지식재산권의 창조(기존의 지식재산권을 무력화시킬 수 있는)라는 두 개의 상충하는 목표를 어떻게 조화시켜 왔는지를 설명하는 일이다.

현행 지식재산권법에 대해서 제기되는 공통된 반대의견들에 대해 살펴보자. 표현방식은 여러 가지여도 그 반대의 핵심내용은 오늘날의 지식재산권법이 기술혁신을 오히려 저해하고 있다는 것이다. 요약해 보자면 다음과 같다.

- 정태적 관점에서의 비난: 다른 독점기업들과 마찬가지로 지식재산권 보유자도 독점적 지위를 이용해서 지나치게 값을 높이고 공급량을 줄인다.
- 동태적 관점에서의 비난: 지식재산권을 지나치게 엄격하게 보호하면 새로운 기술의 개발이 저해되어서 사회적 편익을 누릴 기회도 사라진다.
- 안티-공유재산 관점에서의 비난: 지식재산권 제도의 점진적인 확산으로 인해 지식재산권의 소유가 지나치게 파편화되기 때문에 혁신가들이 기술개발을 위해 필요한 발명들과 개발도구를 확보하기가 어렵다.
- 복잡성 관점에서의 비난: 지식재산권 제도는 너무 복잡하고 집행비용이 많이 들기 때문에 차라리 폐기하거나 대폭 축소하는 것이 좋다.

이 같은 비난들에는 나름대로 생각해 볼 만한 것들이 있다. 그러나 유형의 재산이든, 무형의 재산이든 어떤 재산권 제도도 그로 인해 실은 없고 득만 있기 때문에 그 제도를 지지하는 것은 아니다. 어떤 재산권 제도이든 반드시 득을 보는 사람이 있고 손해를 보는 사람도 있다. 토지에 대한 재산권 제도를 생각해 보라. 그 법이 없었다면 사람들은 마음대로 아무 땅이나 돌아다닐 수 있었을 것이다. 토지재산권이 생김으로 인해서 그 사람들 중 일부가 무단침입자가 되는 비용을 치러야 한다. 우리가 그 비용을 감수하는 이유는 사유재산이 신성한 권리이기 때문이 아니다. 그보다는 오히려 배타적 재산권이 있음으로 해서 생겨나는 제조업과 농업과 상업으로부터의 이익이 아무 땅이나 돌아다닐 수 있는 자유의 가치보다 크다고 믿기 때문이다. 게다가 그 같은 재산권 제도의 이익은 처음에 토지를 차지한 운 좋은 몇 명에게만 돌아가는 것이 아니다. 사유재산이 생기면 시장이 형성되고 그 시장에서의 자발적 교환을 통해서 재산권 제도의 이익이 전체 사회로 퍼져 나간다. 우리가 지식재산권 제도에 찬성하는 이유도 같다. 그것에 의해서 불편함이 초래되지만 그것은 지식재산권 제도가 사회 전체에 가져다주는 더 큰 번영과 삶의 개선효과에 의해서 충분히 상쇄될 수 있다.

비판자들에게 지식재산권법을 제대로 보여주기 위해서 이 책을 두 부분으로 나눴다. 제1장은 지식재산권법을 포괄적인 재산권법과의 관계에서 살펴보았다. 예를 들어 어떤 권리를 사유재산으로 해야 하고, 어떤 권리는 공공의 영역에 놓여야 하는지? 지식재산권법이 과연 독점력을 부여하는 것인지, 만약 그렇다면 어떻게 해야 되는지? 지식재산권법이 현재의 사용 가능한 기술을 지나치게 파편화시켜서 혁신에 지장을 주고 있는지? 이 같은 의문에 답하기 위해서 나는 반독점법, 강제실시, 공용수용, 가격 규제라는 네 가지의 측면에서 검토하겠다. 분명한 것은 지식재산권이 독점을 만들어 낼 가능성이 있지만 그 가능성이 너무 과장되었다는 사실이다. 그러다 보니 새로운 해결책들은 반독점법에 대한 보완책이 아니라 오히려 더 큰 문제를 초래하곤 한다.

제2장은 기존 지식재산권법에 대해서 제기되는 여러 가지 반대 의견들에 대한 평가를 다루고 있다. 기존의 지식재산권법이 발명과 저작물, 영업비밀을 지나치게 보호한 나머지 기술혁신을 오히려 저해하고 있는 것은 아닌가? 이 같은 반대는 지식재산권에 대한 보호는 폭넓게 하고 보호에 대한 예외는 좁게 허용하는 현행 제도에 의문을 제기한다. 그리고 이 같은 비판에는 타당한 측면이 있다.

그럼에도 불구하고 기본적 메시지는 분명하다. 지식재산권법을 뒤집어엎는 것보다 점진적으로 개선하는 것이 더 낫다는 것이다.

제 1 부

지식재산권 제도에 대한 비판을 평가한다

▌비판 1:
공공의 영역에 귀속되어야 하는 지식재산들이 확대되어야 한다

현행 지식재산 관련법에 대해서 자주 제기되는 반론은 공공의 이익이 무시되고 있다는 것이다. 다시 말해서 더 많은 아이디어와 정보들을 국가의 영역도 아니고 개인의 영역도 아닌 공공의 영역에 내어놓음으로써 원하는 사람은 누구나 그것들을 이용할 수 있게 해 주어야 한다는 것이다. 현행의 지식 재산 관련법과 제도는 그런 목적에 장애물로 인식된다. 지식재산은 누군가가 사용한다고 해서 다른 사람의 사용기회가 사라지는 것이 아니기 때문에 공공의 영역에 내어놓을 필요성은 매우 크다. 강물에서 수영할 수 있는 사람의 숫자에도 한계가 있고, 고속도로를 동시에 달릴 수 있는 자동차의 숫자에도 제한이 있다. 그러나 발명이나 저작물은 누구나 원하는 만큼 사용해도 그와 같은 문제가 생겨나지 않는다. 더구나 공공의 영역에 내어놓으면 지식재산권을 보장할 때처럼 판매계약이나 라이선스를 체결하기 위해 복잡한 거래와 계약을 할 필요도 없다. 이 거래비용의 문제는 정말 중요한 것으로서, 만약 누군가가 새로운 영어 단어를 하나 발명했는데, 다른 사람이 그 단어를 사용하기 위해 발명자로부터 사용허가를 받아야 한다고 생각해 보라. 생각하기도 싫을 정도로 세상은 살기 어려워질 것이다.

우리가 일상적으로 사용하는 언어는 공공의 영역에 속하는 지식재산의 대표적 사례이다. 그 밖에도 수학의 각종 정리와 자연법칙도 공공의 영역에 속하는 지식재산이다. 반면 상표 같은 지식재산은 사적영역에 속한다. 요즈음 나타나고 있는 흥미로운 현상 가운데 하나가 자유주의자들과 공동체주의자들이 연합해서 지금보다 훨씬 더 많은 지식재산들이 공공의 영역에 속해야 한다고 주장하는 것이다.[28] 극단적인 사람들 중에는 저작권을 행사하는 것은 타인의 언론 자유를 침해하는 것이라고 주장하는 이도 있다. 마찬가지로 특허권을 행사하는 사람은 다른 사람의 영업활동의 자유를 침해하는 것이라고 주장되기도 한다. 게다가 양쪽 진영 모두 다 지식재산을 강하게 보호할수록 많이 배운 엘리트의 이익만 늘려 주게 된다는 우려를 표한다.

그런 비판들은 나름대로 설득력이 있기는 하지만 지식재산권 제도의 존립 자체를 부정할 정도의 철학적 정당성을 가진 것은 아니다. 우리에게 필요한 것은 재산권 보호의 방식별로 어떤 인센티브 효과가 생기며, 또 누가 어떤 손익을 보게 되는지를 따져 보는 일이다. 어떤 제도하에서 협력이 촉진되고, 제도의 내용을 어떻게 만들면 경쟁이 촉진되는지를 따져 보는 일이다. 토지를 예로 들어 보자. 공공의 영역에 놓여 있던 토지를 사유재산으로 삼는다는 것은 각자가 소유한 토지에 타인이 침입하지 못하도록 막아 준다는 뜻이다. 토지에 대한 권리가 보호되면 각자의 땅 위에 건물을 짓는 등 토지의 가치를 높이기 위한 노력이 등장한다. 재산권에 대한 보호 없이 계약만으로 그런 정도의 안정된 사유재산권을 확보하는 것은 불가능하다. 세상 모든 사람들과 계약을 맺는 일이 실질적으로 불가능하기 때문이다. 설령 그런 계약을 맺는다고 하더라도 누군가 작심하고 계약을 파기할 때에 국가가 없다면 그것을 막아 내는 일이 거의 불가능하다. 그렇기 때문에 모든 사회는 타인의 폭력이나 강압으로부터 보호받는 대가로 자기도 타인에 대한 폭력이나 강압을 포기하겠다는 일종의 (가상적인) 사회적 계약을

---

28) 자유주의자의 반대론에 대해서는 다음을 볼 것. Roderick T. Long, The Libertarian Case Against Intellectual Property Rights, FORMULATIONS, Autumn 1995, http://libertariannation.org/a/f31l1.html(last visited Aug. 23, 2005).

바탕에 깔고 있다. 즉 강제력은 국가만 행사할 수 있다는 약속인 셈이다. 이처럼 사회 전체가 안전을 위해서 일정 부분 자유를 포기하는 것이 각자가 다른 모든 사람들과의 자발적인 계약을 맺어서 안전을 보장받는 것보다 더 이익이다. 다시 말해서 국가의 강제력은 그것으로 인해 사회 구성원들이 더 많은 편익을 누릴 수 있게 해 주기 때문에 정당화된다.

지식재산권을 공공의 재산이 아니라 사유재산으로 삼아야 하는 이유도 같은 논리로 설명할 수 있다. 능력으로만 보면 얼마든지 발명이나 창작을 할 수 있는 사람도 그로 인한 이익을 남들과 나눠 가져야 한다면 차라리 빈둥거리기를 택할 수 있다. 물론 이론적으로만 따져 보면 각자가 다른 모든 사람과의 계약을 통해 자신이 창조할 발명이나 저작물에 대한 배타적 권리를 인정받을 수 있을 것이다. 그러나 그것은 이론적 가능성일 뿐 그것을 위한 거래비용이 너무 높기 때문에 실질적으로는 불가능하다. 그렇기 때문에 농민이 농사를 지으려면 자기 농토에 침입하는 사람으로부터 법적인 보호를 받아야 하듯이 잠재적인 발명가나 창작자들도 그 결과물인 지식재산권에 대해 법적인 보호가 필요하다. 따라서 (제한된 범위 내에서이지만) 나의 발명과 저작물을 보호받는 대신 타인의 발명과 저작물을 자유롭게 이용할 권리를 포기한다는 내용의 법이 만들어지게 된 것이다. 잘 짜인 지식재산권 제도라면 국가권력을 효과적으로 이용해서 파레토 향상(어느 누구도 해치지 않은 채 누군가의 이익을 늘리는 것)을 만들어 내고 시장실패를 극복할 것이다. 이런 식의 사회적 계약은 지식재산권 보호의 이익이 대부분 사회구성원들에게 돌아가게 함으로써 대부분의 사람들을 이롭게 한다. 지식재산권법은 바다에 나간 모든 배들을 들어 올리는 커다란 너울과도 같은 것이다. 이런 식으로 생각해 보면 지식재산권 제도를 공격해야 할 이유가 없다. 모두가 좋아진다는데 누가 반대하겠는 가? 작은 문제가 있을 수 있겠지만 그것은 고쳐서 쓰면 될 일이지 제도 전체를 폐기할 일은 아니다. 이미 성취해 놓은 좋은 것을 폐기하는 것 은 사회에 해롭다.

문제는 실증적 증거가 있는지의 여부이다. 실제로 지식재산권 제도 가 위에 필자가 설명했던 이익들을 발생시키는가? 그에 대한 답은 지 식재산권 제도의 구체적 내용이 무엇인지에 따라 다르다. 좋은 지식재 산권 제도를 만들기 위해 가장 먼저 해야 할 일은 공공의 영역에 남겨 놓을 지식재산들이 무엇인지를 확인하는 것이다. 즉 어떤 아이디어와 명제들과 기호와 상징들을 공공의 영역에 남겨 둘지를 확인하는 것이 다. 현행법은 그 일을 꽤 잘 해 내고 있다. 가장 대표적인 것이 일상의 언어와 아이디어들이다. 일상의 언어와 아이디어들을 누구나 자유롭 게 사용할 수 없다면 사람들 간의 모든 의사소통과 협력 관계가 붕괴 될 것이다. 어느 누구라도, 심지어는 셰익스피어라 해도 자기가 만든 새로운 용어를 다른 사람들이 사용한다고 해서 사용료를 내라고 요구 할 수는 없다. 상표가 예외이기는 하지만(상표는 아이디어가 아니라 표현기호(signifier)이다), 새로운 말이나 용어를 창안한 사람은 자신뿐 아니라 누구나 그 말과 용어를 사용할 수 있도록 그 용어를 공공의 영 역에 내놔야 한다. 그 대신 자기도 타인이 만든 새로운 말이나 용어를 제한 없이 사용할 수 있는 권리를 가진다.

수학의 정리나 물리학, 경제학 등에 나오는 법칙들에도 같은 원리가 적용된다. 피타고라스는 자기가 발명한 피타고라스의 정리에 대해서 배타적 권리를 행사할 수 없다. 아인슈타인은 특수상대성 이론을 사용 하거나 그것에 수정을 가하려는 사람들에게 사용료를 부과할 수 없다. 아무리 천재라 하더라도 지적인 공백상태에서는 창의성을 발휘할 수 없다. 누구나 과거의 연구자들이나 과학자들이 만들어 놓은 것 위에서 뭔가를 만들어 내기 마련이다. 아인슈타인만 하더라도 로렌츠(Lorentz)의 덕을 많이 보았지만 로렌츠에게 돈으로 대가를 지불하지는 않았다. 아이디어와 상징 그리고 자연법칙들은 공유재산으로 둔 채 자유롭게 이용하게 하는 것이 모두에게 이롭다. 위대한 정신들에게는 명예와 상을 줄 뿐 배타적 권리를 주지는 않는다. 현행 특허 제도와 저작권 제도도 이 같은 원리를 받아들여, 순수한 아이디어나 수학의 정리는 보호하지 않는다. 아이디어와 발명의 경계가 어디인지, 또 아이디어와 저작물의 경계가 어디인지를 따지기가 어려운 문제이긴 한데, 거기에 대해서는 뒤에서 논의할 것이다.

▌비판 2:

특허권은 부당한 독점권의 원천이 된다

두 번째 비판은 독점이 형성되면 경쟁시장에서와는 달리 자원배분의 왜곡이 초래된다는 문제의식에서 출발한다. 지식재산권에 대해서도 이렇게 생각하는 것이 가능하다. 즉 국가가 법을 통해 특허권자나 저작권자에게 부여하는 독점권은 발명자나 창작자가 이 세상에 기여하는 것에 비해 지나치게 큰 것은 아닐까라는 의문이다. 그러나 저작권에 대해서는 (보호기간이 지나치게 길다는 점만을 제외하면) 이런 식의 비판을 잘 하지 않는다. 왜냐하면 노래나 문학작품 같은 것에 대해 아무리 저작권을 보호하더라도 노래들끼리 그리고 문학작품들끼리 치열한 경쟁이 이루어진다는 것을 쉽게 알 수 있기 때문이다. 그러나 특허에 대해서는 이와 관련된 많은 논란이 제기된다.

특허법의 가장 중요한 이슈는 어떤 발명에 대해서 배타적 권리를 주는 것이 옳은지의 문제다. 일단 발명이 이루어지고 나면 특허 제도는 불편만을 끼친다. 특허 제도가 없다면 그 발명을 아무나 사용할 수 있을 텐데, 특허 제도로 인해서 사용이 방해를 받기 때문이다. 하지만 특허 제도는 발명 그 자체에 대해서 영향을 미친다. 특허 제도를 통해서 발명에 대한 배타적 권리를 보호하지 않는다면 발명을 위한 노력이 줄어서 발명 또한 줄어들 것이다. 모든 발명을 공공의 영역에 내어놓아 아무나 사용할 수 있게 한다면, 그리고 발명자에게는 아무런 보상도 주지 않는다면, 누구도 발명을 하지 않으려고 할 것이기 때문에 공공의 영역에서 나올 발명은 하나도 없을 것이다. 대부분의 발명은 많은 비용을 요구한다. 아이디어를 만들어 내는 데에도, 또 구체적으로 그것을 시현하는 데에도 비용이 든다. 인간은 이기적 동물인지라 타인이 자기가 발명한 제품을 무단 복제하여 싸게 팔 수 있다면 누구도 발명을 하기 위해 시간과 노력과 자본을 투자하지 않을 것이다.

아주 단순한 계산만으로도 이런 사실을 이해할 수 있다. 어떤 제품의 연구 개발에 2,000달러가 드는데, 일단 발명이 이루어지고 나면 구체적 제품 하나를 만드는 데에는 1달러가 든다고 해 보자. 특허권이 보장된다면 이 발명자는 제품의 개당 판매가격을 1달러보다 높게 책정함으로써 특허 기간 내에 발명을 위해 투입된 2,000달러의 고정비용을 회수하려고 할 것이다. 그러나 특허권이 보호되지 않으면 발명자는 처음에 투자된 2,000달러의 고정비를 회수할 수 없다. 경쟁자들이 복제품을 개당 1달러에 생산해서 약간의 이익만 붙여서 판매할 것이고, 그런 상황에서는 발명자도 그 수준의 값을 받을 수밖에 없다. 그 결과 연구개발을 위해 투자한 고정비용은 회수할 수 없게 되는 것이다. 아주 단순히 생각해 보면 발명자가 개당 2달러에 2,000명에게 팔 수 있다면 본전을 건질 수 있게 된다. 더 높은 가격에 더 많이 팔 수 있다면 이익을 볼 수도 있을 것이다.

위의 사례에서 개당 생산비용인 1달러를 한계비용이라고 부른다. 논란의 핵심은 국가가 발명자에게 특허권을 줌으로써 제품의 가격을 한계비용보다 높이 매길 수 있게 해 주는 것이 옳은지의 여부에 관한 것이다. 이 제도의 부정적 측면은 특허 제도가 사회적 순손실을 초래할 수 있다는 것이다. 앞의 예에서처럼 특허권이 없다면 누구나 개당 1달러를 받고 팔 텐데, 특허권이라는 배타적 권리 때문에 발명자는 개당 2달러에 팔게 될 것이라고 생각해 보자. 여기서 우리가 주목해야 할 것은 소비자의 측면이다. 특허 제도가 없다면 가격이 1달러일 것이므로 이 물건으로부터 1달러 이상의 가치를 느끼는 모든 소비자들이 이 발명품을 사용할 것이다. 그러나 특허권이 보호되어 제품 가격이 2달러가 되고 나면 이 물건에 대해서 2달러 이상의 가치를 느끼는 소비자만이 사용할 수 있게 된다. 즉 특허권이 있음으로 인해서 이 물건의 가치를 1달러 이상 2달러 미만으로 느끼는 소비자들은 이 물건을 사용할 수 없다는 것이다. 이것을 사회적 순손실(social deadweight loss)이라고 부르는데, 경쟁시장이 독점으로 변하는 곳에서는 가격이 한계비용을 초과하게 되고 그 때문에 사회적 순손실이 발생하게 된다. 반독점법의 가장 중요한 기능은 이 같은 사회적 순손실을 방지하는 것이다.

이것이 왜 순손실인지를 이해하려면 이전지출(移轉支出, transfer payment)과 소비자 잉여(consumer surplus)라는 개념을 이해할 필요가 있다. 특허권이 보호되는 상황에서 발명자가 개당 제조 원가 1달러짜리를 개당 2달러에 1천 명에게 판매했다고 생각해 보자. 그러면 이 발명자는 소비자로부터 경쟁시장에서보다 개당 1달러씩 총 1,000달러를 더 받아낸 것이다. 이것을 이전지출이라고 부른다. 소비자는 개당 1달러씩 총 1,000달러를 더 부담했지만 그 1,000달러는 허공으로 사라진 것이 아니라 발명자의 주머니로 들어간 것이다. 소비자에게는 손실이지만 발명자에게는 정확히 똑같은 금액의 이익이 발생한 것이어서 세상 전체로 보면 손실도 이익도 아니다. 돈이 옮겨 간 것일 뿐 사라진 것은 아니어서 이전지출이라고 부른다.

소비자 잉여란 무엇일까. 2달러를 치르고 그 물건을 구입한 사람들은 그 물건으로부터 최소한 2달러의 가치를 느꼈을 것이다. 어떤 사람은 값이 3달러가 돼도 구입할 사람이 있을 것이고 그중의 또 다른 일부는 4달러로 올라도 여전히 구입할 사람이 있을 것이다. 이처럼 어떤 물건을 손에 넣기 위해 최대한 지불할 수 있는 가격을 유보가격(reservation price)이라고 부른다. 소비자 잉여란 이 유보가격과 실제로 지불한 가격의 차이를 가리킨다. 이 유보가격이라는 개념이 낯설어 보이지만 따지고 보면 익숙한 개념이다. '이 값 이상으로는 한 푼도 더 낼 수 없어요.'라고 할 때의 그 가격이 바로 여러분의 유보가격이다. 특허권 때문에 값이 2달러가 되더라도 소비자 중의 일부는 여전히 소비자 잉여를 얻고 있다. 물론 특허가 보호되지 않아 가격이 1달러일 때보다 소비자 잉여가 줄어드는 것은 분명한 사실이지만.

　아주 간단한 그래프를 가지고 순손실과 이전지출 그리고 소비자 잉여 간의 관계를 이해해 보자.

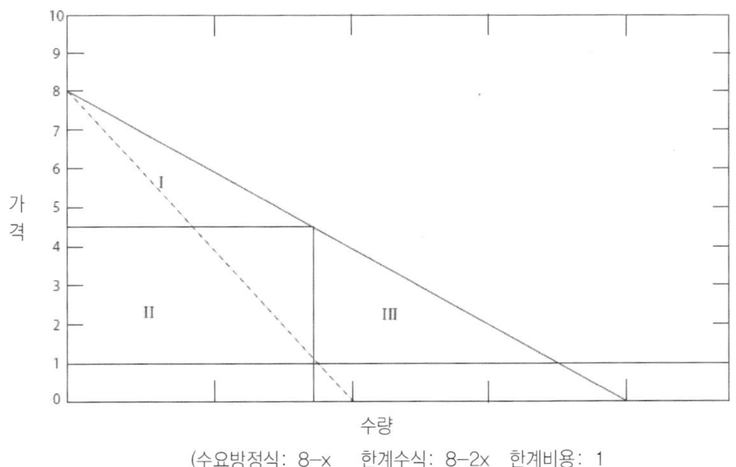

〈그림 1〉 가격 - 수량 관계와 독점의 효과

　위의 그림에서 비스듬히 그려진 사선은 수요곡선이다. 삼각형 I 가 소비자 잉여이다. 삼각형 III이 사회적 순손실인데 이 두 삼각형의 면적은 정확히 같다. 한편 직사각형 II 는 소비자로부터 생산자로의 이전지출을 나타내는데, 그 면적은 두 삼각형의 면적의 합과 같다. 그렇기 때문에 어떤 발명에 대해 특허권을 부여함으로 인해 발생하는 사회적 순손실은 이 발명으로 창출 가능한 전체 사회적 가치의 1/4에 해당한다고 볼 수 있다. 물론 실제의 수요곡선은 이처럼 단순하지는 않을 것이다. 그러나 특허 제도의 사회적 득실을 따지기 위해서라면 이 정도의 그래프만으로도 충분하다.

이 시점에서 한 가지 따져 봐야 할 것이 있다. 어떤 경우에 정부가 나서서 독점력을 부여해 주는 일이 정당화될 수 있을까 하는 점이다. 그것을 따져 보려면 한 가지 가정이 필요하다. 특허권을 부여하려는 발명품에 대한 대체품이 없다는 가정이다. 그런 제품이라면 특허권은 두 가지의 이점을 안겨 준다. 첫째, 신제품의 출시를 앞당기는 효과가 있다. 둘째, 해당 발명품의 상업화를 더욱 효율적으로 하게 해 준다. 특허 제도의 이러한 이점을 인식하게 해 준 것은 에드먼드 키치(Edmund W. Kitch)의 '특허 전망이론(prospect theory of patents)'이다. 특정인에게 분명한 특허권을 부여하면 그 사람이 중심이 되어 관련된 발명품의 상업화가 쉽게 이루어질 수 있다는 내용이다.[29]

키치의 아이디어는 1980년의 바이-돌 법(1980 Bayh-Dole Act)[30]에 나타나는데, 이 법에서는 대학이나 연구소에서 만들어진 좋은 아이디어들이 주인이 없어 사장되어 버리는 것을 막기 위해 대학들이나 연구소들이 적극적으로 특허를 출원할 것을 장려하고 있다. 그러나 이런 원리는 대형 연구소에서 일하는 과학자들에게는 어느 정도 타당할지 모르지만, 모든 발명자들이 그렇게 행동한다고 일반화시키는 데에는 무리가 따른다. 발명자들 중에는 자신의 발명특허를 다른 사람의

---

29) Edmund W. Kitch, The Nature and Function of the Patent System, 20 J.L. & ECON. 265(1977).

30) 35 U.S.C.A. §§ 200-212(2006).

발명을 방해하기 위한 목적으로 사용하는 현명하지 못한 사람들이 있기 마련이다. 따라서 특허권에 따르는 배타적 개발권이 과연 발명품의 상업화를 촉진할 것인지는 분명치 않다. 특허권과 관련된 또 다른 어려움도 있다. 중개계약은 배타적일 때도 있고 그렇지 않을 때도 있다. 따라서 특허권 때문에 상업화가 촉진된다는 이점은 사실일 수도 있고 그렇지 않을 수도 있다. 다시 말해서 발명의 상업화를 촉진하는 효과는 특허 제도의 효과 중 아주 일부분에 불과할 수 있다는 것이다. 특허 제도의 정말 중요한 존재 이유는 우리가 지금부터 살펴보고자 하는 초기 단계의 발명을 촉진하는 효과에 있다.

가장 중요한 쟁점은 배타적 특허권에 따른 발명 촉진효과가 경쟁을 죽임에 따른 사회적 순손실보다 더 큰지의 여부이다. 이 문제에 대한 답을 얻기 위해서는 특허권이 있고 없음에 따른 가치의 변화를 잘 따져 봐야 한다. 특허권을 인정할 경우 발명의 시기가 당겨지는 효과가 있지만 그 발명품으로부터의 발생하는 사회적 가치는 상대적으로 작아진다. 반면 특허권이 인정되지 않을 경우 발명의 시기는 늦추어지겠지만 일단 발명이 이루어진 후 그 발명으로부터 발생하는 사회적 가치는 상대적으로 커진다. 사회적 순손실과 발명이 지연되는 효과, 어느쪽이 더 클지를 따져 볼 필요가 있다.

구체적 답을 구하려면 특허권 보호가 이루어지지 않는 상태에서 어느 정도의 발명이 언제 이루어질지를 알아야 한다. 우리는 여러 명의 발명자들이 거의 같은 시기에 비슷한 발명을 해서 서로 먼저 특허를 출원하려고 하는 경우를 자주 보아 왔다. 전화를 발명한 알렉산더 그라함 벨(Alexander Graham Bell)은 그의 경쟁자인 엘리샤 그레이(Elisha Gray)보다 불과 두 시간 먼저 특허를 출원했다. 발명품 그 자체는 그레이의 것이 더 좋았지만 두 시간 늦었기 때문에 그는 기회를 잡지 못했다.[31] 물론 다른 사람보다 겨우 몇 달, 몇 주, 며칠 심지어는 겨우 몇 시간 먼저 발명품을 세상에 내놨다는 이유로 20년 동안이나 배타적 권리를 인정받아서는 안 된다고 생각할 수 있다. 그러나 특허 제도에 대한 이런 비판은 이 제도의 보다 근원적이고 깊숙한 효과를 제대로 이해하지 못한 채 나온 것이다. 중요한 것은 특허경쟁에서의 1등을 차지한 사람과 2등 사이의 차이가 근소하다는 사실이 아니다. 우리가 눈여겨봐야 할 것은 특허 제도가 없을 경우 그 같은 특허경쟁에 참여할 사람이 있을 것인가, 그리고 특허 제도가 그런 경쟁의 시기를 얼마나 앞당기는지의 문제다. 특허 제도가 없었다면 우리는 벨과 그레이가 전화를 발명하기까지 10년 또는 15년을 더 기다려야 했을지 모른다. 아니 어쩌면 누구도 전화 같은 것을 발명하려 하지 않았을지도 모른다. 특허 제도로 인한 근본적 이익은 발명경쟁의 시기를 앞당긴다는 것이다. 발명경쟁에서 1등과 2등의 차이가 얼마나 근소한가 하는 것은 특허의 필요성을 논함에 있어 그리 중요한 문제가 아니다.

특허로 인한 기술개발 촉진효과가 어느 정도나 되어야 이 제도가 정당화될 수 있을까? 이것을 따지기 위해서는 사회적 순손실의 크기와 발명이 당겨지는 효과의 가치를 평가하기 위한 할인율을 알아야 한다. 앞의 그림에서 예를 들었듯이 사회적 순손실이 25%인 경우에서부터 시작해 보자. 특허 제도의 비용으로는 그것뿐만 아니라 제도의 운영을 위한 행정비용도 따져 줘야 한다. 그 비용도 최소한 2%는 될 것이다. 그러나 다음과 같은 여러 가지의 강력한 요인들 때문에 특허 제도에 따른 사회적 비용은 25%에 미치지 못할 것으로 생각된다.

---

31) Susan Funaro, *Inventors Who Lost the Race to the Patent Office*,
    http://www.legalzoom.com/articles/article_content/article13756.html(last visited Nov. 25, 2005).

1. **기간제한**. 앞에서 보았던 그래프는 특허권이 영원히 보장된다는 전제하에 그려진 것이다. 그러나 실제의 특허권은 20년만 보장된다. 약품의 경우 FDA(미국 식품의약청)의 승인을 받는 기간을 제외하고 나면 특허권의 실질적 보장 기간은 10년 정도이다. 그 기간이 지난 후에는 누구나 해당 발명을 실시할 수 있기 때문에 독점권 인정에 따른 사회적 순손실은 제한된 기간 동안에만 발생한다. 기간이 종료된 시점에서의 발명의 가치가 어느 정도나 되는지를 계산하는 일은 매우 어렵다. 많은 발명들이 특허 기간 중에 차츰 그 가치가 줄어들어 기간이 끝난 후 누구나 그것을 실시할 수 있게 될 때에는 가치가 미미해질 수 있다. 따라서 경우에 따라서는 특허의 기간 제한은 의미가 없어진다. 그러나 현실적으로는 특허 기간이 끝나더라도 발명의 이용가치는 상당히 남아 있는 경우가 대부분이기 때문에 특허의 기간 제한으로 인하여 사회적 순손실은 25%가 아니라 그보다 2~3% 정도 줄어든다고 보는 것이 옳을 것이다. 특히 리피토(Lipitor, 고지혈증 치료제: 역자 주)처럼 특허기간 만료 후에도 엄청난 사용가치를 가지고 있는 발명의 경우는 더욱 그렇다. 그러나 권리의 지속 기간이 저자의 사후 70년까지인 저작권의 경우에는 기간 제한이 독점에 따른 사회적 순손실을 줄이지 못한다.

2. **가격차별**. 우리가 순손실을 계산해 낸 단순한 그래프 모형에는 또 다른 가정이 숨어 있다. 모든 사람에게 동일한 가격을 부과한다는 가정이다. 그러나 특허권자가 소비자들의 유보가격을 알 수 있다면 소비자들의 특성에 따라 다른 가격을 매길 수 있다. 예를 들어 소비자들을 몇 개의 그룹으로 나눠서 각 그룹마다의 가격을 부과할 수 있을 것이다. 그렇게 하는 만큼 사회적 순손실도 줄어든다. 만약 모든 소비자들에게 각자의 유보가격만큼 가격을 부과할 수 있다면 사회적 순손실은 0이 된다. 그런 상황에서는 도형 Ⅰ, Ⅱ, Ⅲ으로 대표되는 모든 이익이 특허권자의 이익이 됨으로써 사회적 순손실은 사라져 버린다. 누구에게 이익이 귀속되는 것이 좋은지의 문제는 남지만, 어쨌든 완전한 가격차별이 이루어질 수 있다면 생산량도 완전경쟁 상태에서와 같은 수준이 된다. 그러나 현실에서

그런 정도의 완전한 가격차별은 불가능하다. 예를 들어 프린터 생산자의 경우 프린터의 가격은 상대적으로 낮게 책정하는 대신 토너 가격을 높이 책정해서 일종의 가격차별 효과를 얻는다.[32] 프린터를 많이 쓰는 사람일수록 프린터에 대한 유보가격이 높을 텐데, 일정 사용량마다 교체해야 하는 토너의 가격을 높임으로써 유보가격이 높은 사람에게 더 높은 가격을 받아 내는 효과를 얻어 낼 수 있다. 그러나 그렇게 하더라도 사람마다 다른 유보가격에 따라 완벽한 가격차별을 할 수는 없다. 하지만 그림은 분명하다. 가격차별은 비록 '부분적'으로만 이루어질 때에도 사회적 순손실과 소비자 잉여를 줄여서 특허권자에 대한 이전지출을 늘린다. 그런 과정을 통해서 발명자의 기대 소득이 늘어날수록 혁신의 시기가 당겨지는 효과도 있다. 불완전한 가격차별이라고 할지라도 사회적 순손실의 가격을 상당히 줄여 줄 수 있다. 어림짐작으로 말하더라도 25%의 순손실을 20% 정도로 낮추어 줄 수 있을 것이다.

3. **경제적 독점과 법적 독점**. 우리가 상정한 모형에서는 특허 보유자가 자신의 발명에 대해서 법적인 독점과 더불어 경제적 독점력도 가지게 됨을 가정했는데 이는 현실적이라고 보기 어렵다. 경제적 독점이란 구매자 또는 소비자가 시장에서 해당 발명품을 대체할 만한 다른 상품을 찾을 수 없는 상태를 말한다. 그러나 시장에서는 대체품을 생산하기 위한 새로운 기술들이 끊임없이 등장하기 때문에 경제적 독점은 유지되기 힘들다. 이와 관련하여 특허권이 부여되는 경우를 포함하여 잠재적인 시장 진입 장벽이 존재하는 경우에도 제품 혁신이 일어난다는 점을 시사해 주는 좋은 자료가 있다. 이 연구에서는 특정 분야에 새로운 진입자가 등장하기까지 걸리는 시간이 지속적으로 감소해 왔다는 확실한 증거가 제시되고 있다. 라즈쉬리 아가르왈(Rajshree Agarwal)과 마이클 고트(Michael Gort)는 1887년부터 1986년까지 사이에 최초로 시장에 진입한 자가 경쟁자 없이 혜택을 본 기간을 추적해 보았다.[33]

---

32) *See infra* pp.25 – 26.

33) Rajshree Agarwal & Michael Gort, *First‑Mover Advantage and the Speed of Competitive Entry, 1887‑1986,*

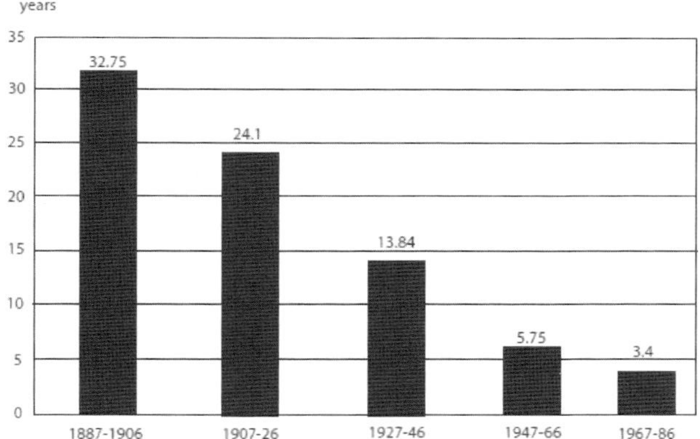

Source: Reprinted, by permission, from Thomas J. Duesterberg, *U.S. Manufacturing: The Engine for Growth in a Global Economy*, 2003. Rajshree Agerwal and Michael Gort, "First Mover Advantage and the Speed of Competitive Entry, 1887-1986," *Journal of Law and Economics*, April 2001, pp. 161-177.

〈그림 2〉 혁신의 도입부터 경쟁자 진입까지의 평균 기간

위 연구 결과는 1800년대 말 후발 주자들이 축음기 시장에서 토마스 에디슨(Thomas Edison)을 따라잡기까지 33년이 걸린 반면, 1980년대에 콤팩트디스크 시장에 경쟁자들이 진입하기까지는 불과 3년이 걸렸다는 점을 밝혀 주고 있다. 위 조사기간 중 새로운 경쟁자가 등장하기까지 걸린 기간의 평균 매년 감소율은 2.93%였다고 한다. 이러한 감소율이 최근 20년 기간 동안 줄었다고 생각할 이유는 거의 없어 보이므로 결국 특허 제도를 통해 가능했던 기술 혁신은 보호하려고 했던 특허 자체의 독점적 가치를 감소시켜 왔다는 결론을 얻게 된다. 어떤 발명이 특허를 통해서 일시적으로 독점을 형성했더라도 다른 특허 발명이 등장해서 원래 제품에 대한 수요와 독점력을 잠식해 버리는 일이 비일비재하다. 바코드 프린터 헤드의 발명자들은 저마다 특허를 가지고 있지만, 서로 상대방과 치열한 경쟁관계에 놓여 있다. 의약품 시장에서도 같은 용도의 약품들이 서로 다른 특허를 가지고 치열하게 경쟁하고 있다. 그런 만큼 함부로 값을 높이기도 어렵다. 특허기간이 끝난 후에 복제약('me－too'

---

44 J.L. & Econ. 161, 161(2001).

drugs)이 등장할 가능성 역시 특허 보유자가 값을 높일 수 있는 능력을 제한한다. 혹자는 너도나도 신약을 개발하는 것은 중복 투자의 성격이 강하다고 한탄을 하지만[34] 그것은 잘못된 비판이다. 시리얼의 종류가 너무 많다고 특허청이나 식품의약청이 규제하는 것을 본 적 있는가. 얼마나 많은 종류의 제품이 슈퍼마켓 판매대에 진열되든 이는 정부가 관여할 일이 아니다. 새로운 제품을 출시하는 사람은 자기가 부담해야 할 위험을 잘 알고 있다. 만약 신규 진입자가 성공을 거둔다면 기존의 공급자 중 누군가는 퇴출당하게 될 것이다. 우리는 특허청이 산업계에서의 황제가 되길 원하지 않는다. 특허 제도에도 불구하고 시장은 경쟁을 만들어 내는 일을 훌륭히 해내고 있다. 그런 상황에서는 가격이 경쟁적 수준으로 접근해 가기 마련이다. 그것을 통해서 사회적 순손실은 추가로 5 내지 10% 정도 더 낮아질 수 있다.

4. **간접적 편익**. 사회적 순손실을 줄여 주는 세 번째의 요인은 특허 제품을 간접적으로 구입하거나 이용하는 사람들이 얻는 편익이다. 값이 어떻게 되었든 누군가의 발명품을 사용할 수 있다면 그 사용자는 분명 편리함을 얻는다. 그 크기를 계량화하기 힘들지만 그것은 분명한 이득이며, 그만큼 특허로 인한 사회적 순손실의 추정치는 줄어야 한다.

5. **정보 전파 효과**. 특허를 받고 싶다고 해서 아무나 받게 되는 것은 아니다. 특허를 받고 싶은 사람은 특허청에 특허를 받고 싶은 발명에 관한 상세한 정보를 제공해야 하며, 그것을 되풀이할 수 있는 방법도 공개해야 한다. 이 같은 정보들은 세상에 공개되기 때문에 (해당 특허와 경쟁관계에 있든 아니든 상관없이) 그들의 발명이 특허로 보호받든 아니든 다른 기업들의 기술개발에 어떤 식으로든 도움을 줄 가능성이 높다. 이런 식의 선순환 구조가 형성된다. 이같은 정보 전파 효과 역시 특허의 사회적 순손실을 줄여 준다.

---

34) Merrill Goozner, *The Price Isn't Right*, AM. PROSPECT, Sept. 11, 2000, at 25 참조.

　이런 효과들을 다 고려할 경우 당초 25%라고 가정했던 사회적 순손실은 10% 또는 15% 정도로 낮아질 수 있다. 물론 누구도 정확한 숫자는 알 수 없다. 가장 중요한 질문은 특허 제도로 인한 사회적 순손실을 상쇄하기 위해 발명을 촉진하는 효과는 어느 정도나 커야 하는 것일까이다. 이것을 따지려면 미래에 등장할 발명의 가치를 평가하기 위한 사회적 할인율이 필요하다. 그것 역시 정확한 것은 알 수 없지만, 시중 이자율을 감안해 볼 때 대략 연 3~4%가 적당할 것 같다. 다시 말해서 지금 당장 가질 수 있는 1만 원과 1년 후의 1만 300원 또는 1만 400원이 같은 가치를 가진다는 것이다. 하지만 2%라고 보는 사람도 있고 5%로 보는 사람도 있다. 다음의 표는 4가지의 할인율 각각에 대해서 특허 제도가 정당화되려면 발명촉진효과가 어느 정도가 되어야 하는지를 보여주고 있다. 가장 가능성이 있는 결론은 특허 제도로 인해서 발명들이 3~5년 정도만 앞당겨지더라도 충분히 가치가 있다는 것이다. 그리고 그것은 충분히 가능성이 있는 가정이다. 다음의 표는 특허 제도로 인한 사회적 순손실 네 가지와 사회적 할인율 네 가지 사이에서 만들어지는 16가지의 조합에 대해서 계산 결과를 보여주고 있다. 그 결과를 보면 특허 제도는 충분한 가치가 있어 보인다. 이것 말고도 민간 투자의 촉진 효과와 창의성 증진 효과를 생각하면 더욱 그렇다.

		10%	15%	20%	25%
할인율	2%	5.32년	8.20년	11.26년	14.52년
	3%	3.56년	5.49년	7.54년	9.73년
	4%	2.68년	4.14년	5.68년	7.33년
	5%	2.15년	3.33년	4.57년	5.89년

$$연 = \log \frac{\left(\dfrac{1}{1 - 사회적순손실}\right)}{\log(1 + 할인율)}$$

〈표〉 통치제도 정당화하기 위한 발명촉진효과

▌비판 3:

특허와 저작권법은 공유자원인 정보를 파편화하여 혁신을 방해한다

특허나 저작권 제도에 대한 또 다른 비판은 이 제도로 인해 쓸모 있는 정보들이 제대로 활용되지 못한다는 것이다. 정보가 여러 사람들로 나뉘어 소유되기 때문이다. 미래의 발명자들이 발명을 하려면 이미 권리를 가진 수많은 특허권자나 저작권자로부터 허락을 받아야 하는데, 발명 자체보다도 그 허락을 받는 일이 더 어렵기 때문에 기술혁신이 지장을 받게 된다는 것이다.[35] 이런 현상을 공유자원의 파편화(anticommons)라고 부른다. 이 용어를 처음 사용한 마이클 헬러(Michael Heller)는 공유자원의 비극(tragedy of commons)이라는 개념과 대조하기 위해서 이 용어를 채택했다.[36] 공유자원의 비극이란 주인이 없는 바다의 물고기나 야생의 사냥감 같은 공유자원들이 남획으로 인해서 쉽게 고갈되는 현상을 일컫는다. 다시 말해서 사유재산제도가 없음으로 인해 어족자원이나 야생동물처럼 귀중한 자원이 멸종에 이를 수 있는 것이다.

공유재산의 파편화란 그 반대의 상황을 말한다. 즉 너무 많은 사람들이 문제의 자원을 소유하고 각자 거부권을 가지게 된 결과 그 자원이 제대로 쓰일 수 없게 되는 것이다. 거부권을 가진 사람의 숫자가 늘수록 그 자원이 쓰이지 못할 가능성은 커진다. 헬러는 모스크바의 도로변 점포를 사례로 들었다. 모스크바에서는 도로변에서 합법적으로

---

35) 기본 주장에 관해서는 Michael A. Heller, *The Tragedy of the Anticommons: Property in the Transition from Marx to Markets*, 111 HARV. L. REV. 621(1998) 참조. 특허에 적용한 것을 보려면 Michael A. Heller & Rebecca S. Eisenberg, *Can Patents Deter Innovation? The Anticommons in Biomedical Research*, 280 SCIENCE 698(1998) 참조.

36) Garrett Hardin, *The Tragedy of the Commons*, 162 SCIENCE 1243(1968).

점포를 개설하려면 정부로부터 여러 종류의 허가를 받아야 하는데, 그러다 보니 입지조건이 좋은 도로변 점포들은 모두 가게 문을 열지 못하고 있었다. 반면 얼마 떨어지지 않은 곳에 있는 무허가 점포들은 성황리에 장사를 하고 있었다. 미국에서도 기업이 신규 사업을 시작하려 할 때 환경규제와 관련된 수많은 허가를 받아야 하는데 이것 역시 비슷한 사례이다.

헬러와 레베카 아이젠버그(Rebecca Eisenberg)는 이런 현상이 지식재산권 분야에서도 나타난다고 주장한다. 제약산업을 사례로 한 분석에서 그들은 서로 밀접히 관련된 지식덩어리가 수많은 특허들로 분할되어 소유되어 있다고 보고 있다. 그런 상태에서 각각의 특허소유자들이 엄청난 액수의 대가를 받고서야 비로소 자기가 특허를 가지고 있는 물질이나 연구도구들 - 화합물, 유전자, 탐침 등 - 의 사용허가를 내줄 것이기 때문에 결국 소련의 길거리 가게들이 겪었던 것처럼 누구도 그 지식재산들을 이용할 수 없게 된다는 것이 그들이 걱정하는 바다.

하지만 두 사람은 그들의 주장을 뒷받침할 구체적 사례를 들지는 못했다. 오히려 제약산업에 대한 한 구체적 연구에서는 정교한 거래장치를 통해서 이 같은 문제가 훌륭하게 극복되고 있음이 밝혀졌다. 이런 문제를 극복하기 위하여 연구소나 대학의 연구자들은 "기존 특허의 사용허가를 받기도 하지만 그것 말고도 기존 특허를 대체할 새로운 발명, 외국에서의 연구, 일반에 공개된 공공의 데이터베이스나 연구 도구의 사용, 소송 제기, 특허권 무단 사용(특허권 침해)" 등의 방법을 사용하고 있다.[37] 이러한 현실은 헬러-아이젠버그의 가설보다는 경제이론의 예측과 더욱 합치된다. 러시아 관료들과 미국 기업가들이 직면하

---

37) J.P Walsh et al., *Working Through the Patent Problem*, 299 SCIENCE 1021(2003).

고 있는 유인체계의 차이를 생각해 보면 잘 알 수 있다.[38] 관료들의 힘은 시민들이 하고 싶어 하는 일을 못 하게 막음으로써 생겨난다. 그 힘이 있기 때문에 뇌물도 받아 낼 수 있고 특권도 얻어 낼 수 있다. 그 러나 특허권은 그것과는 전혀 다르다. 자기 혼자만 특허를 틀어쥐고 있는 특허권자는 귀중한 자신의 재산을 썩히고 있는 것이다. 그것 때 문에 손해를 보는 것은 바로 자기 자신이다. 특허권으로 돈을 벌려면 자신의 특허를 타인이 쓰도록 해야 한다.

특허권이 파편화된 것은 사실이지만, 그것을 극복하기 위한 방법도 많다. 첫째, 기업들은 대개 직원의 발명에 대한 특허권을 자기가 모두 가지는 대신 사전에 적절한 보상을 하는 방식을 택하고 있다. 둘째, 관 련된 분야의 기업들은 서로 상대방 기업과 교차－라이선스(두 개의 기업이 서로 상대방에게 자기 소유의 특허를 자유롭게 사용할 수 있게 허가)를 체결하거나 셋 이상의 관련 기업들이 공동사용협정(pooling arrangement) 을 맺어서 특허 제도에 따른 불편을 극복해 간다. 일단 그런 협정을 맺 고 나면 외부인들에게 그 특허들을 사용하게 허가해 주고 사용료는 사 전에 정한 비율로 회원 기업들에 배분한다. 특허사용허가 계약에는 종 종 'grant－back' 조항이 포함되는데, 이는 사용허가를 받은 사람이 해 당 특허에 기초한 새로운 특허를 받을 경우 본래의 사용허가자에게 그 새로운 특허의 사용을 의무적으로 허가해야 한다는 내용이다. 거래비 용이 높아 기존 특허가 더 유용하게 사용되지 못하게 될 가능성을 막 기 위해 고안된 계약 방식이라고 봐야 한다. 공동사용협정 같은 것은 개별 특허의 경계가 어디인지를 굳이 따지지 않아도 되게 해 줌으로써 개별 특허의 경계가 애매하다는 골치 아픈 문제를 극복하게 해 준다.

---

38) *See* Richard A. Epstein & Bruce N. Kuhlik, *Is There a Biomedical Anticommons?* 27 REGULATION 54(2004).

이 같은 묶음방식(bundling technique)들을 통해서 공유재산의 파편화라는 골치 아픈 문제도 극복되어 간다.

오픈소스 소프트웨어 중에는 아주 특이한 형태의 사용허가 방식을 택하는 것이 있는데 다음과 같은 GNU 일반 공중 라이선스(General Public License, GPL)가 대표적이다.

> 배포하거나 공표하려는 저작물의 전부 또는 일부가 양도받은 프로그램으로부터 파생된 것이라면, 저작물 전체에 대한 사용 권리를 본 허가서의 규정에 따라 공중에게 무상으로 허용해야 합니다.[39]

겉모습만 보면 이것은 애플이나 마이크로소프트 같은 전통적 기업이 채택해 온 상의하달식 접근법과 완전히 다른 것처럼 보인다. 그러나 실제의 효과는 그보다 훨씬 복잡하다. 전통적 기업들은 다양한 분야에서 강력한 지식재산권을 획득한 후 그것을 외부의 공급자들이나 고객들 혹은 제삼자들에게 사용을 허가한다. 반면 리눅스 오픈소스 시스템은 작은 커널(kernel: 컴퓨터 운영 체제에서 가장 핵심이 되는 부분)에서 출발하지만 그것을 개선하는 자발적인 참여자들에 의해서 그 영역이 계속 확대되어 나간다. 개선된 코드 중에서 중앙위원회 – 오픈소스 시스템에도 의사결정기구는 필요하다 – 의 승인을 받은 것은 새로운 코드로 편입된다. GPL은 지식재산의 사유화에 반대하고 있는 듯하지만 그렇다고 해서 자신들의 코드를 공공의 영역에 내놓는 것도 아니다. 하지만 GPL의 사용자는 그것을 기반으로 해서 만든 새로운 코드를 다른 사람들에게 무료로 GPL 방식의 사용허가를 하게 되어 있다. 오늘날 많은 기업들은 오픈소스 방식과 상업적 소프트웨어 방식을 혼

---

39) GNU General Public License § 2(b), *available at* http://www.gnu.org/copyleft/gpl.html(last visited Aug. 23, 2005).

합하여 채택하고 있다. 즉 오픈소스 방식의 커널에 상업용으로도 사용 가능한 사용허가 방식을 혼합하고 있는 것이다.

이 책에서 이런 다양한 방식들을 모두 평가할 수는 없다. 하지만 이 것 한 가지는 분명히 밝혀 두는 것이 좋겠다. 이 같은 카피레프트 (copyleft) 운동은 사적 계약이라는 수단을 통해서 제한된 형태의 공유 재산을 창조하는 운동이라는 것이다. 오픈소스에 기초해서 새로운 코 드를 만들었을 때 그것을 비공개로 사용한다면 사적인 영역 내에서는 자신만의 재산으로 남아 있을 수 있다. 그러나 공개되는 경우에는 소 스 코드 자체를 다른 사람에게 무료로 제공해야지, 돈을 받고 사용허 가를 해 줄 수는 없다. 리차드 스톨맨(Richard Stallman)은 이런 시스템 의 강력한 옹호자인데, 사유재산제에 대해서 강한 적대감을 나타낸다. 그러나 역설적이게도 GPL이 자신의 목적달성을 위해서 동원하는 수 단은 사유재산과 배타적 사용허가제도이다. 한때, 오픈소스 운동을 비 영리운동으로 봐도 무방하던 시절이 있었다. 그러나 그 영향력이 확장 되어 가면서 운동의 방향과 초점이 점점 더 상업적으로 변해 가고 있 다. 사실 '카피레프트'라는 명칭 자체가 이 운동이 자신의 목적 달성을 위해서 전통적 저작권 제도, 즉 '카피라이트'의 도구를 이용하고 있음 을 말해 주고 있다. 만약 이들이 자신들의 소스 코드에 대해 저작권을 보호받지 않고 공공의 영역에 내놓는다면 더 이상 그들의 운동은 성립 하지 않게 된다.

오픈소스 소프트웨어가 전통적인 상업용 소프트웨어에 못지않은 성과 를 올릴 수 있는가에 관한 논쟁이 벌어지고 있다. 그에 대한 답은 사업의 규모와 밀접한 관련을 가지고 있다. 오픈소스의 특징인 분산 시스템은 소 규모의 시스템에서는 제법 잘 작동하지만, 시스템의 규모가 커질수록 오 히려 문제가 생기기 시작한다. 물론 이것은 오픈소스만의 문제는 아니다.

상업용 소프트웨어에서도 새로운 소프트웨어의 도입이 늘수록 기존의 소프트웨어와 통합을 유지하는 일이 쉽지 않다. 그러나 오픈소스의 경우 문제의 심각성이 더 크다. 또 때로는 누군가가 오픈소스에 포함된 소스코드 중의 일부 또는 전부가 자신의 지식재산권이나 영업비밀을 침해했다고 주장해 올 경우를 대비해서 느슨한 조합 같은 것을 만들 필요도 있다. 예를 들어 현재 진행 중인 SCO 재판은 오픈소스인 리눅스 시스템 전체를 무력화시킬 수도 있으며, 이것에 제대로 대응하려면 리눅스 측에서도 소송위원회 같은 것을 구성해야 한다.[40] 물론 지금 당장은 아이비엠(IBM), 인텔(Intel), 휼렛패커드(Hewlett – Packard) 등의 오픈소스 방식을 사용하고 있는 유명 기업들이 그 선봉에 서 있다. 그러나 자발적 참여자들의 소송 참가 없이는 소송을 이겨 내기가 어려울 것이고, 그들이 소송을 위해서 견고한 조직을 만들 가능성도 높아 보이지 않는다.

그러나 그런 예측이 맞을지 틀릴지는 중요하지 않다. 중요한 것은 이런 문제에 대해서 정부가 개입하지 않는 것이다. 오픈소스의 옹호자들은 지식재산권을 조롱한다. 남의 것을 얼마든지 모방해도 좋다는 것이다. 하지만 그것은 말일 뿐 실제의 오픈소스 사업들은 지식재산권의 형성과 이전에 관한 모든 규칙들을 이용해서 자신들의 사업을 한다. 나 같은 회의주의자들이 생각하는 것과는 달리, 오픈소스 시스템이 진실로 지속 가능하다면 입법부나 법정이 아니라 시장에서 그렇다는 사실을 증명하는 것이 옳다. 정부는 소프트웨어에 관련된 여러 가지 형태의 소유권과 작동 방식들이 시장에서 경쟁하도록 중립적 자세를 유지해야 한다. 특정한 어느 쪽에 불이익을 주어서도 안 되고 특혜를 주어서도 안 된다. 정부정책의 중립성은 두 가지 차원에서 지켜져야 한다.

---

40) Software Freedom Law Center, http://www.softwarefreedom.org(last visited Dec. 1, 2005) 참조.

첫째, 서로 다른 시스템들이 공통의 기반 위에서 서로 경쟁도 하고 협력도 할 수 있도록 경쟁관계의 시스템들이 정부가 정한 공통의 표준을 사용하도록 의무화하는 것이다. 둘째, 정부의 소프트웨어 조달 원칙에 관한 것인데, 지출액당 사회적 이익이 최대화되도록 소프트웨어를 구입해야 한다는 것이다. 이는 정부도 민간 구매자와 똑같은 원칙에 입각해야 함을 뜻한다. 즉 소프트웨어를 구입하고 운영하는 과정에서 발생하는 비용 전체를 고려해야 한다. 그러기 위해 구체적으로 고려해야 할 것들로는 시스템의 안정성, 사후 서비스의 용이성, 사용의 편리성, 보안성, 품질보증의 정도, 지식재산 침해의 가능성에 대한 안전보장 등이 포함된다. 그리고 많은 나라의 정부들이 이런 접근법을 채택해 가고 있다.41) 정부뿐만 아니라 하버드 대학의 버크만 센터(Berkman Center)와 국제상공회의소(International Chamber of Commerce)도 이런 원칙에 입각해서 소프트웨어를 조달한다.42) 물론 그런 식으로 하면 기존의 시장점유율이 높은 공급자에게만 유리할 수 있다. 대다수의 사람들이 다른 사람들이 이미 사용하고 있는 것을 택할 것이기 때문에 새로운 사업자는 기회를 잡기 어려울 가능성이 있다. 그러나 그것은 소프트웨어를 조달함에 있어서 고려할 사항은 아니다. 지금은 비록 비용도 많이 들

---

41) 미국에서 이 입장을 대변하는 것으로는 Office of Management and Budget, Memorandum on Software Acquisition of July 1, 2004, *available at*
http://www.whitehouse.gov/omb/memoranda/fy04/m04-16.html(last visited March 11, 2006) 참조. 유사한 정책이 이하 국가들에서도 채택되었다.
http://www.oio.dk/files/Softwarestrategi_-_Engelsk.pdf(last visited Apr. 4, 2006); Italy, see
http://www.innovazione.gov.it/eng/egovernment/infrastrutture/open_source. shtml(last visited Apr. 4, 2006); and New Zealand, see http://www.e.govt.nz/ policy/open-source/open-source-200303(last visited Apr. 4, 2006).

42) BERKMAN CENTER FOR INTERNET AND SOCIETY, ROADMAP FOR OPEN ICT ECOSYSTEMS, *available at http://cyber.law.harvard.edu/epolicy/roadmap.pdf*, at 25;
INTERNATIONAL CHAMBER OF COMMERCE, POLICY STATEMENT ON OPEN SOURCE SOFTWARE(2005), *available at http://www.etsi.org/sos_interoperability/Doc%20SOS %20III/open_source_software _ICC.pdf*, at 5.

고 품질도 그리 좋지 않음에도 불구하고 정부가 그것을 선택해 주면 언젠가는 기존 제품보다 더 좋아질 거라는 막연한 기대로 품질도 낮고 비용도 덜 드는 기존 제품 대신 그런 제품을 선택해서는 안 된다. 물론 기존 제품이 독점적 지위나 시장지배적 지위를 누리고 있다는 의심이 들 수도 있지만, 그런 문제는 정상적인 행정절차나 재판절차를 통해서 해결할 일이다.

민간 표준 제정 기구들도 공유재산의 파편화 현상에 대한 해법을 제공해 준다. 이런 조직들은 서로 다른 기업들이 제각각 만들어 놓은 제품들이 상호 운용이 가능하도록 표준을 만드는 일을 한다. 예를 들어 컴퓨터 산업의 경우에는 RAM(Random Access Memory)을 비롯한 반도체의 발전을 촉진하기 위해 표준을 제정해 왔다. 어떤 경우에는 그 산업에서의 핵심인물 몇 명의 동의만으로도 표준이 만들어지고 운영될 수 있는데 업계에서는 이를 '특수이익집단(special interest group)'이라고 한다. 그러나 대부분의 경우 산업 전체의 참여를 필요로 한다. 반도체 산업의 경우 그런 노력은 한때 공동전자기구엔지니어링위원회(Joint Electron Device Engineering Council)라고 불렸던 'JEDEC 고체소자기술 협회(JEDEC Solid State Technology Association)'에 의해서 진행되었다.[43] 그런데 표준을 도입하게 될 때마다 등장하는 문제가 있다. 표준을 준수해야 하는 여러 경쟁자들 사이에서 어떻게 중립성을 유지할 수 있을까의 문제다. 한 가지 방법은 표준 속에 이미 특허를 받은 지식재산을 포함시키지 않는 것이다. 그러나 그것이 불가능할 때가 많다. 즉 최선의 표준을 만들려면 불가피하게 기존의 특허를 포함시켜야만 할 때가 많은 것이다. 그럴 때에는 특허권자로 하여금 표준을 시행해야

---

43) *See* http://www.jedec.org(last visited Dec. 1, 2005).

하는 모든 자들에게 합리적이고 비차별적(reasonable and nondiscriminatory)인 조건으로 자신의 특허권을 사용허가 해 주도록 한다. 그런 조건이 없을 경우 표준제정기구들은 골치 아픈 기존의 특허를 사용하지 않기 위해 열등한 표준을 만들어 낼 가능성이 높다. 이처럼 필수 불가결한 기술의 특허권자를 포함한 업계의 모든 관련자들이 표준 제정과정에 참여하게 만들려면 적절한 계약 절차가 갖추어져야 한다.[44] 이런 표준제정기구들은 기술발전을 위한 기초를 제공함으로써 경쟁이 일어날 수 있는 장을 마련해 주고 있다. 결론적으로 말해서 민간의 기업가적 활동이 공유재산의 파편화 현상을 극복해 왔다는 것이다.

---

44) 협상이 결렬되어 소송까지 비화된 사례로는 *Rambus, Inc. v. Infineon Technologies AG*, 318 F.3d 1081(Fed. Cir. 2003) 참조. 이 판결에서는 한 기업이 자신의 비공개 특허제품을 산업표준을 채택하도록 표준기구를 설득하도록 허용하였다. 이에 대한 비판으로는 ADAM B. JAFFE & JOSH LERNER, INNOVATION AND ITS DISCONTENTS: HOW OUR BROKEN PATENT SYSTEM IS ENDANGERING INNOVATION AND PROGRESS, AND WHAT TO DO ABOUT IT 68－74(2004) 참조.

■ 비판 4:

반독점법으로도 지식재산의 독점을 충분히 막아낼 수 없다

방해와 조정의 문제를 해결하려면 상호 협조를 위한 장치들이 필요한데, 또 다른 한편으로, 그 장치들은 불법적 공동행위의 도구가 될 수도 있다. 협조적인 장치가 불법적인 공동행위로 변질되는 것을 막기 위해 반독점법은 어떤 역할을 해야 하는가? 미국 법무성(Department of Justice)과 연방거래위원회(Federal Trade Commission)의 반독점지침(Antitrust Guidelines)은 상당히 현명한 접근법을 마련해 놓고 있다.[45] 기본적인 방향은 독점을 초래하는 협력은 억제하되, 방해문제(blockade problem)를 해소하기 위한 협력은 장려한다는 것이다. 첫 번째의 목표를 관철하기 위한 수단으로 수평적 결합에 대한 금지조치가 있다. 대체 특허를 동일한 풀(pool) 안에 넣는 행위 등을 금지하는 것이다. 이같은 반경쟁적 행위는 생산을 줄이고 가격을 높임으로써 사회적 순손실(사중손실: dead weight loss)을 초래한다. 반면, 같은 풀 안에 보완적 성격의 특허를 넣는다면 거래가 원활해지기 때문에 오히려 생산은 늘고 가격은 낮아진다. 그렇기 때문에 정부가 공정거래심사를 함에 있어 대체재적 성격의 특허를 같은 풀에 넣는 것을 금지하는 것은 합리적이다. 마찬가지로 개별 특허 소유자가 풀에 참가하지 않는 외부자에게 낱개로 특허사용을 허가해 주는 행위를 승인해 주는 것 역시 드문 경우이기는 하지만 합리적 조치이다.

비슷한 성격의 독점적 행위가 해치 – 왝스만 법(Hatch – Waxman Act)

---

45) DOJ & FTC, ANTITRUST GUIDELINES FOR THE LICENSING OF INTELLECTUAL PROPERTY, 4 Trade Reg. Rep.(CCH)(Apr. 6, 1995), *available at*
http://www.usdoj.gov/atr/public/guidelines/0558.pdf(last visited Apr. 6, 2006).

에 의해서 초래될 수 있다.[46] 이 법에 의하면 복제약 제조사가 FDA에 약식 신약개발신청서(Abbreviated New Drug Application)를 제출할 경우 6개월 동안의 공동배타적(co-exclusive) 기간을 주는데 이 기간 동안은 특허권자와 복제약 제조사가 같이 경쟁을 할 수 있다. 그 기간 동안 이 두 기업들이 서로 담합하여 가격을 고정시키거나 생산량을 줄이는 협정을 맺는다면 반독점법에 의해 당연위법(per se illegal) 행위가 된다. 경쟁자에게 생산을 중단하는 대가로 금전을 지급하는 것 역시 위법한 것이 된다. 그러나 가격을 낮추기 위한 목적으로 지식재산권이나 제조비법을 공유하는 행위는 합법적인 것으로 인정된다. 이와 마찬가지로 두 기업이 당면한 특허 분쟁에 대한 해결책으로 상호 라이선싱에 합의한다면 그것 역시 합법적인 일로 인정될 것이다.

반독점법의 또 다른 부류는 끼워 팔기, 묶어 팔기, 배타적 거래 등 수직적 제한 행위이다. 제품을 판매하는 기업이 여러 가지의 조건을 붙여서 파는 행위가 문제의 핵심이다. 수직적 제한에 대한 규제는 가격 담합 협정이 왜 불법행위여야 하는지를 설명하는 것보다 훨씬 어렵다. 왜냐하면 이런 것들은 대부분 계약의 조건에 관한 것인데, 시장에서 시장지배력이 없는 기업들 사이에 자발적으로 형성되는 계약 조건은 그것이 무엇이든 효율성을 높이는 속성이 있기 때문이다. 단지 시장지배력이 있는 경우에만 이런 조건들이 문제가 될 수 있기 때문에 그것을 설명하기도 힘들고 정당화하기도 힘들다. 작은 기업에는 허용되는 계약 방식이 기업의 규모가 크다는 이유만으로 불법화된다면 어떻게 그것을 설명해야 하겠는가. 그것은 카르텔이 왜 불법인지를 설명하듯 쉽게 설명될 수 있는 대상은 아니다. 작은 기업에는 효율적인 계약 조

---

46) Drug Price Competition and Patent Term Restoration Act of 1984(Hatch-Waxman Act), Pub. L. No.98-417, 98 Stat. 1585(codified in relevant part at 21 U.S.C.A. § 355(2006)).

건이더라도 큰 기업이 사용하면 비효율적 결과가 초래될 수 있다는 것을 설명할 필요가 있는 것이다. 판단 방법도 다른데, 카르텔 같은 것에 대해서는 상황과 관련 없이 무조건 불법으로 보는 당연위법(per se illegal)의 법리를 적용하지만 수직적 제한 행위에 대해서는 합리의 원칙(rule of reason)을 적용한다.[47] 이 원칙은 두 단계로 적용되는데 1단계에서는 독점적 행동을 했다고 제소된 피고(이 경우는 지식재산권의 소유자)에게 시장지배력이 있는지의 여부를 판단한다. 일단 지배력이 있다고 판단이 되면 두 번째 단계에서는 그가 사용한 여러 가지의 판매 전략 중 어떤 것이 불법인지를 따진다.

합리의 원칙을 지식재산권 분쟁에 적용함에 있어 법원은 특허권 소유자에게 가격과 통상적 거래조건을 결정할 수 있는 '절대적인 권한'이 있는 것으로 여겨 왔다. 대법원은 또한 특허권 소유자가 독립된 제삼자가 동일한 라이선스를 허여받을 의사가 있음을 조건으로 상대방에 대한 라이선스를 정하는 것이 정당하다는 판결을 내린 바 있다.[48] 더 최근에는 제2연방항소법원이 한 의료기구 특허를 가진 사람이 라이선스를 내주면서 '단일 용도에만 사용할 것'이라는 조건을 붙인 것이 합법적이며, 그 기계를 구입한 제삼자에게 그 조건을 요구하는 것도 합법이라고 판결했다.[49] 그러나 특허권자가 항상 이기기만 하는 것은 아니어서 제화 장비를 임차해서 사용하는 기업에게 전체의 공정에서 자기 기업에서 생산한 제품만을 사용하라고 요구하는 임대인의 요구 조건이 불법이라고 판단한 적이 있는데,[50] 이것이 과연 합리적 판결인

---

47) *See generally Antitrust Guidelines, supra note 22, § 3.4(describing the application of the rule of reason to intellectual property licensing agreements)*.

48) *E. Bement & Sons v. Nat'l Harrow Co.*, 186 U.S. 70, 91(1902).

49) *Mallinckrodt, Inc. v. Medipart, Inc.*, 976 F.2d 700, 709(Fed. Cir. 1992).

50) *United Shoe Mach. Corp. v. United States*, 258 U.S. 451(1922).

지에 대한 논쟁의 여지가 남아 있다. 더욱 논란의 여지가 큰 것은 경쟁자로부터의 장비 구입을 하지 못하게 하는 내용의 장기 계약을 불법으로 규정한 판결이다.[51]

안타깝게도 일부의 공정거래 관련 판결에서는 모든 특허의 소유자가 시장지배력을 가지고 있다는 가정을 해서 잘못된 결론에 이르렀다. 소비자의 관점에서 본다면 똑같은 용도의 특허가 이미 존재하고 있는데도 말이다. 이런 판결들은 법적인 배타적 권리와 경제적 독점의 차이가 무엇인지를 이해하지 못한 소치이다. 이 둘의 차이에 대해서는 이미 설명한 바 있다. 특허권자가 다른 기술들과의 실질적 경쟁에 노출되어 있는데도, 경쟁자가 재판을 이용해서 특허권자를 누르고 이익을 취하는 일이 발생하여서는 안 된다. 그런데도 이론의 여지는 있지만 현행법은 그 반대로 되어 있는 것 같다. 특허권자가 특허 기간 내에 특허 기술을 이용해서 제조된 물품을 시장가격보다 낮은 가격으로 구입하는 대신 특허 기간이 만료된 후에도 추가 로열티를 지불한다는 내용의 라이선스 계약을 당연위법으로 판결한 대법원 판례가 그런 것이다.[52] 특허기간 만료 전이든 후이든 간에 이 거래로 인해서 제삼자의 시장 진입이 지장을 받지는 않는다. 이 거래는 제삼자의 시장진입을 막기 위함이 아니라 일종의 재무 관리 수단으로 보는 것이 옳다. 즉 특허 기간 내의 현금 수입을 특허 기간 이후로 넘김으로써 현금 흐름의 구조를 보다 평탄하게 만들기 위한 수단인 것이다. 따라서 이런 계약 조건은 반독점법의 적용 대상이라고 보기도 어렵다.

최근 대법원이 판결을 내린 프린터에 잉크 끼워 팔기 사건은 좀 더

---

51) *United States v. United Shoe Mach. Corp.*, 110 F. Supp. 295(D. Mass. 1953), *aff'd per curiam*, 347 U.S. 521(1954).

52) *Brulotte v. Thys. Co.*, 379 U.S. 29(1964)(effectively skewered by Judge Posner in *Scheiber v. Dolby Labs., Inc.*, 293 F.3d 1014(7th Cir. 2002)).

복잡하다. 이 사건에서 프린터 헤드의 판매자는 구매자에게 자신이 만든 잉크만을 사도록 요구했다. 대법원은 특허법에 의해서건 반독점법에 의해서건 특허권을 가진 자가 특허의 대상이 아닌 제품을 끼워 파는 것이 당연위법일 수 없다고 전원일치의 결정을 내렸다. 이런 결정은 이미 의회에서 제정한 특허법에 의해서 확립된 것인데, 이 법에 의하면 특허권자가 '해당 특허 기술이나 그것으로 만든 제품 시장에서 지배력'을 가졌을 경우에만 특허권 남용이 문제가 된다.[53] 최근 *Illinois Tool Works, Inc, v. Independent Ink, Inc.* 사건에서 대법원은 반독점법을 위의 특허법 조항에 부합하게 해석했다.[54] 그렇게 하는 과정에서 대법원은 "많은 끼워 팔기 방식들은, 특허나 강제적 끼워 팔기조차도 자유경쟁 시장의 원리와 어긋나지 않는다."는 경제학자들의 견해를 받아들였다.[55]

그러한 기본 원칙은 적절하다. 프린터 헤드 업체가 잉크를 끼워 판다고 해서 다른 잉크회사의 사업에 치명적 해가 가는 것은 아니다. 끼워 팔기 계약 방식에 대한 우려는 과장된 것이 많고 대부분은 정당하지 못하다. 대체 관계에 있는 다른 프린터 헤드가 존재하는 한 잉크 판매기업이 손실을 입었다고 하더라도 상대방이 반경쟁적 행위를 해서 생긴 것이 아니다. 프린터의 가격은 낮게 파는 대신 (그리하여 프린터 간의 이동을 쉽게 하는) 잉크의 가격은 상대적으로 높게 파는 것이 이 업계의 관행으로 되어 있다. 이렇게 함으로써 프린터를 많이 쓰는 사람에게는 높은 가격을 매기는 효과가 있다. 그렇기 때문에 프린터를 그리 많이 사용하지 않는 사람도 저렴한 가격에 프린터를 구매할 수 있다. 만약 법이 끼워 팔기를 금지한다면 대체관계에 있는 프린터 기

---

53) 35 U.S.C.A. § 271(d)(5)(2006).

54) *Ill. Tool Works, Inc. v. Indep. Ink, Inc.*, 126 S. Ct. 1281(2006).

55) *Id.* at 1292.

업은 값을 올려서 프린터와 잉크의 결합시장에서 더 큰 이익을 취하려 할 것이고, 기존에 끼워 팔기를 하던 프린터 업자는 경쟁력을 유지하기 위해 잉크의 값을 낮추게 될 것이다. 이렇게 되는 것이 끼워 팔기를 허용하는 것보다 왜 더 나은지 분명치 않다. 차별적인 가격으로부터 얻어지는 효율성을 제거하는 셈이 되기 때문이다. 이 문제는 특허에만 국한된 것이 아니기 때문에 더 이상의 자세한 논의는 하지 않기로 한다.

▌비판 5:
법은 강제사용허락을 더 많이 허용해야 한다

　반독점법은 독점력의 남용 문제만을 다룰 뿐 지식재산이 여러 사람에게 분산 소유되어 있을 때 발생하는 거래 결렬의 문제는 다루지 않는다. 민간 기업들의 노력으로 공유자원의 파편화가 극복될 수 있다는 앞서의 분석이 옳다면 강제사용허락의 필요성은 현격히 줄어든다. 그럼에도 불구하고 강제사용허락을 요구하는 목소리는 끊이지 않고 있다. 제약산업에서의 주요 연구 수단들에 대해서는 특히 그런 요구들이 많다. 한 야심 찬 제안에서는 "세포주, 단일 클론 항체, 시약, 동물 모델, 성장인자, 조합화학 라이브러리, 약물과 약물 타깃, 클론과 클로닝 도구(PCR polymerase chain reaction 등), 방법, 실험도구와 기계, 데이터베이스와 컴퓨터 소프트웨어"[56] 등이 모두 포함되어 있다. 이런 것들에 대한 강제사용허락을 통해서 공유재산의 파편화 문제를 어느 정도 해결할 수 있다고 하더라도 그보다 훨씬 더 큰 집행상의 문제를 야기한다. 우선 경쟁시장에서 구입할 수 있는 상품들, 예를 들어 실험실 장비나 소프트웨어까지 강제사용허락을 요구하는 것은 난센스이다. 시장에서 구입하기 어려운 그 나머지 것의 경우도 실제의 강제사용허락을 하자면 큰 위험이 따른다. 특히 신제품 개발을 위해 복잡한 형태의 제휴 관계를 만들어 내야 할 때는 더욱 그렇다. 가장 큰 어려움은 정부가 나서서 모든 경우에 합당한 로열티(사용료) 수준을 결정할 수가 없다는 것이다. 그 가격이 너무 높으면 강제사용허락 제도는 있으나 마나 할 것이다. 반면 너무 낮은 수준에서 책정된다면 배타적 권리의 부여

---

56) Janice M. Mueller, No "Dilettante Affair": Rethinking the Experimental Use Exception to Patent Infringement for Biomedical Research Tools, 76 WASH. L. REV. 1, 10-17, 58-66(2001) 참조.

를 통해서 연구개발을 촉진하겠다는 특허 제도의 본래 취지를 훼손하게 된다. 수익이 낮아질수록 새로운 기술의 개발을 위해서 투자하려는 의욕은 낮아질 것이기 때문이다.

더욱 큰 문제는 강제사용허락은 획일적 형태를 취할 수밖에 없어서 시장에서 형성되어 온 다양한 형태의 계약 방식의 이점을 누릴 수 없게 만든다는 것이다. 로열티 계약만 하더라도 그 종류가 매우 다양해서 정액제, 정율제, 변동율제, reach-through 조항, 상계 방식 등 수많은 방식이 있다. 그것 말고도 특허사용계약에서 흔히 수십 페이지를 차지하는 grant back license, assignment, milestone, 영업비밀, 인수 및 합병 등의 복잡한 문제에 대해 어떤 정부 당국자도 옳은 답을 내어놓을 수 없다. 지식재산권의 소유자가 몇 사람에게 사용 허가를 내어 줄지에 대해 결정할 수 없다는 것은 문제를 더욱 악화시킨다. 강제사용허락 제도가 없었더라면 사용허가를 받지 못했을 많은 사람들이 특허 기술을 사용하게 될 텐데, 그들을 감독하는 만만치 않은 문제가 정부의 어깨에 지워지는 것이다. 특허 풀(patent pool)이라는 장치가 성공적으로 작동하고 있음을 감안할 때, 강제허락 제도는 아주 극단적인 경우에만 예외적으로 사용해야 한다는 원칙을 폐기할 이유가 없다. 생명과 신체와 재산이 파괴될 긴박한 상황에서나 동원해야 할 제도가 강제사용허락 제도이다. 이에 대해서는 지식재산권에 대한 보완 장치를 소개할 때에 다시 설명하겠다.

▌비판 6:

사회적 순손실을 제거하기 위해 강제수용의 법리를 채택하라

　지식재산권법의 또 다른 결함으로 지적되고 있는 문제는 사회적 순손실을 해소하기 위해 왜 강제수용의 법리를 채택하지 않느냐는 것이다. 이 제안의 핵심을 요약하자면 이렇다. 첫째, 특허와 같은 지식재산으로 벌어들일 수 있는 모든 수익의 현재 가치를 계산한다. 둘째, 국가가 지식재산의 소유자로부터 해당 지식재산을 수용하되 앞에서 계산된 금액을 지급한다. 셋째, 해당 지식재산을 개방하여 누구나 최소의 비용으로 사용할 수 있게 한다. 이렇게 하면 기술의 개발자에게도 충분한 보상이 이루어지게 되고, 사용자들도 최소의 비용으로 사용할 수 있으니 독점가격에 따른 사회적 순손실 문제는 사라지게 되리라는 것이 이 제도를 제안하는 사람들의 논리이다. 다른 것들과 마찬가지로 이 제안 역시 제약산업이 주된 대상이다.

　불행하게도 이 제안은 그 자체에 모순이 내포되어 있다. 정부가 특허 구입 자금을 조달하려면 다른 시장에서의 노동과 자본에 대해서 세금을 부과해야 하며 그로 인해 그 시장에서의 비용 상승과 생산 축소, 가격 상승으로 인한 새로운 사회적 순손실이 발생한다. 특허 부문의 사회적 순손실을 제거하기 위해 도입된 제도가 다른 시장에서 새로운 사회적 순손실을 만들어 내는 것이다. 이해를 돕기 위해 앞서 보았던 그래프로 다시 돌아가 보자. 다른 부문에서의 가격 인상이 독점이 아니라 세금 때문이라고 가정해 보자. 구역 Ⅱ에 해당하는 이전지출이 독점기업이 아니라 정부에 귀속된다는 차이만 제외하면 구역 Ⅲ으로 대표되는 사회적 순손실과 소비자 잉여의 상실분인 구역 Ⅰ은 독점으로 인한 사회적 순손실과 다를 것이 없다. 그리고 세금으로 인한 왜곡은 독점으로 인한 왜곡보다 치료가 더 어렵다. 결국 이 제안은 문제를 해결하는 것이 아니라 문제를 옮기는 것에 불과한 것이다. 엄청난 행정비용을 지불하면서 말이다.

그것 말고도 또 다른 문제가 있다. (특히 토지의 경우) 강제수용 시에 주어지는 보상 가격은 통상적으로 매도자와 매수자 사이에 자발적인 거래가 이루어졌을 경우에 형성되었을 가격을 추정해서 책정하는 경우가 많다. 그러나 제약 관련 특허의 경우 FDA 승인을 받기 전이건 받은 다음이건 간에 토지를 사고팔듯이 거래가 되는 경우는 거의 없다. 이 분야에서의 거래란 대부분 합작투자의 형태를 취하고 있으며, 거기에서 나오는 이익은 사전에 정해진 공식에 따라 배분되는 경우가 대부분이다. 정부가 그 액수를 추측할 수 있다고 생각한다면 지나친 자만이다. 가장 큰 위험은 (토지의 수용에서 교훈을 얻자면) 국가가 보상을 지나치게 적게 지급하여 연구개발에 대한 투자 의욕을 꺾게 될 가능성이다. 수용 가격의 책정에서 비롯되는 이런 문제를 해결하기 위해 부분적으로 민간입찰 제도를 도입하자는 아이디어도 제안되었다. 일부의 몇몇 특허를 대상으로 민간 수요자의 입찰을 받은 후 거기에서 드러난 최고가격을 기준 삼아 보상 가격을 책정하자는 것이다. 하지만 자기가 제시한 입찰 가격이 향후 보상 가격을 책정하는 용도로만 사용된다는 것을 알고 있는 상황에서 누가 그런 입찰에 응하겠는가? 그리고 제약 관련 특허의 값이 너무 높을 것이기 때문에 여러 명의 구매자가 나올 가능성은 거의 없다. 설사 기적이 일어나서 누군가가 입찰을 통해서 특허를 취득했다고 하더라도 안전에 문제가 있어 제품이 리콜되거나 실험이나 설계 또는 유통 과정에서의 문제 때문에 광범위한 손해배상 소송에 휘말린다면 어떻게 할 것인가? 결론은 분명하다. 특허

로 인해 발생하는 사회적 순손실을 제거한다고 강제수용 제도를 도입
하는 것은 더 심각한 문제를 만들어 낼 뿐이다.

▌비판 7:
지식 재산권의 독점력을 줄이기 위해 가격 규제를
도입해야 한다

　특허로 인해 독점이 초래되고 그것 때문에 사회적 순손실이 발생할
때 최후의 해결수단은 가격 규제이다. 그러나 이는 다른 대체 수단이
없을 때에만 택해야 한다(제약산업에서는 그럴 때가 종종 있지만, 컴
퓨터 소프트웨어 산업의 경우에는 매우 드문 상황이다). 공용수용이나
강제사용허락 제도와 마찬가지로, 이 제도 역시 원칙적으로는 사용하
지 않는 것이 좋다.

　배타적 권리는 경제적 의미에서의 독점과 다른 개념임을 다시 한
번 상기하라. 유사한 약효를 가져다주는 의약품은 여러 종류가 있다.
즉 의약품에도 대체품이 많다는 것이다. 예를 들어 고지혈증에 효과가
있는 스태틴(statin)은 시중에 여섯 종류가 나와 있다. 그들 간에 경쟁이
치열하기 때문에 그들 각각에 대해 특허권을 준다고 해서 독점력이 생
길 가능성은 높지 않다(물론 그들끼리 담합을 하면 독점력을 형성하는
것이 가능하겠지만 그것은 반독점법에 의해서 제재를 받을 것이다).
가격 규제는 두 가지의 측면에서 경쟁시장에서 형성되는 균형을 흩뜨
려 놓는다. 첫째, 공급부족을 초래한다. 값을 낮추어 놓는 만큼 수요는
늘고 공급은 줄어들기 때문이다. 둘째, 그렇게 해서 초래된 공급부족은
줄서기 현상을 빚어내거나 또는 암시장 같은 규제 회피현상을 만들어
낸다. 어떤 것이든 그 자체로서 사회적 낭비로 이어진다. 휘발유에 대
한 가격 규제가 여러 가지의 사회적 해악을 초래하듯이 의약품 가격
규제도 여러 가지의 해악의 원인이 된다.

어쩌면 의약품에 대한 규제의 해악이 더 클지도 모른다. 비용의 구조 때문이다. 의약품은 연구개발비용이 엄청나게 들어간다. 그에 비해서 약 한 알씩을 만들기 위해 발생하는 비용, 즉 한계비용은 매우 적다. 규제 가격의 수준은 한계비용은 모두 회수할 수 있는 수준에서 책정되겠지만, 최초에 들어간 연구개발비용은 일부밖에 회수할 수 없도록 책정될 것이다. 물론 그런다고 해서 제약업자가 이미 개발에 성공한 약품의 생산을 중단하지는 않을 것이다. 그렇게 본다면 의약품에 대한 가격 규제는 제품의 생산에는 영향을 주지 않은 채 제약회사가 벌 돈을 약품의 소비자에게 재분배하는 효과가 있는 것처럼 보일 수 있다.

그러나 이런 견해는 지나치게 근시안적이다. 미래를 보고 투자를 하게 하려면 재산권이 안정되어 있어야 한다. 가격 규제가 염려되는 상황이라면 기업들은 다음 세대를 위한 연구와 개발 투자를 줄이기 마련이다.[57] 법적인 위험의 증가로 인해 투자에 대한 수익률 전망이 불투명해지고, 그런 만큼 혁신은 지장을 받게 된다. 경제적 관점에서 볼 때 가격 규제는 현명하지 못한 제도이며, 법적인 관점에서 보면 강제몰수에 버금가는 조치이다.

가격 규제가 꼭 필요하다면, 법적으로도 독점이고, 경제적 의미에서도 독점력이 형성된 상황에서만 이루어져야 한다. 전기나 통신 서비스에서처럼 네트워크 효과가 강한데다가 공급자가 하나뿐인 상황이라면 그런 조건이 충족될 수 있다. 그러나 그런 경우에조차 가격 규제는 조심해서 시행해야 한다. 규제 가격에 의해서 초래되는 수익률은 독점 이윤을 모두 제거할 정도로 낮아야 하지만, 또 동시에 새로운 투자를

---

57) 가격규제의 해로운 효과에 대해서는 다음글 참조; JOHN A. VERNON ET AL., MANHATTAN INSTITUTE, MEDICAL PROGRESS REPORT, ARE DRUG PRICE CONTROLS GOOD FOR YOUR HEALTH?(Dec. 2004), *available at*
http://www.manhattan‐institute.org/pdf/mpr_01.pdf(last visited Apr. 6, 2006).

이끌어 낼 수 있을 정도로 높기도 해야 한다. 행정력을 사용해서 그런 수익률을 찾아내기가 매우 어려운데다가, 여론은 최대한 낮은 수익률 만을 허용하라고 압박을 가하곤 한다. 게다가 수익률에 기초해서 규제 를 하다 보면 규제 대상인 기업이 비용을 부풀리려는 유혹을 늘 받게 된다.[58] 수익률을 일정하게 규제받는 상황에서는 비용을 높게 인정받 을수록 높은 가격을 받을 수 있기 때문이다. 그렇다고 해서 어떤 것을 비용항목으로 인정하고 어떤 것은 제외시킬 것인지를 판단하는 일도 매우 어렵다. 이런 이유들 때문에 가격은 지나치게 낮은 수준으로 규 제되기 마련이다. 그것이 당장은 좋아 보이지만, 장기적으로는 투자에 지장이 생겨서 오히려 손해를 초래한다.[59] 시장에서는 누군가가 독점 이윤을 즐기고 있더라도 다른 누군가가 새로 진입해서 독점이윤을 나 누어 가지려고 하기 때문에 조만간 경쟁이 생겨나서 독점이윤도 사라 지게 된다. 미국에서의 유선전화 통신망의 지역별 독점은 연방정부의 법이 만들어 놓았는데, 그것조차도 휴대전화와 인터넷이 등장하면서 독점력을 잃었다. 성공하더라도 언제 수익률을 규제당할지 모르는데 어느 누가 새로운 기술에 투자하기를 원하겠는가?

수익률 규제에 따른 부작용은 제약산업에서 특히 크게 나타나는데, 연구개발에 따른 실패의 가능성이 높기 때문이다. 수익률에 대한 규제 는 결국 성공한 프로젝트로부터의 수익률을 규제하는 것이다. 따라서 수익률 규제가 이루어지는 한 임상시험에 실패했거나 또는 시장에서 소비자들의 외면을 받은 약품에 대해서는 어떤 보상도 이루어지지 않 는다. 전기나 수도 또는 그와 유사한 전통적 규제 산업에서와는 달리

---

58) Harvey Averch and Leland L. Johnson, *Behavior of the Firm Under Regulatory Constraint*, 52 AM. ECON. REV. 1052(1962).

59) 이 논의에 대해서는 Harold Demsetz, *Why Regulate Utilities?*, 11 J.L. & ECON. 55 (1968) 참조.

제약산업에 있어서 무엇을 원가로 볼 것인지에 대한 확실한 답을 구하는 것은 거의 불가능하다. 의약품 같은 새로운 분야를 대상으로 가격 규제를 할 경우 비교의 대상으로 삼을 선례를 찾기도 매우 어렵다. 가격 규제가 내포하고 있는 그 같은 문제는 캐나다 또는 다른 선진외국에 수출되어 싸게 팔리고 있는 미국산 의약품을 다시 수입할 수 있게 해 주자는 제안에서 절정을 이룬다. 그러나 그렇게 할 경우 시장은 제대로 작동할 수가 없다. 캐나다를 비롯한 여러 나라에서는 실질적으로 정부가 유일한 의약품의 구매자 역할을 하며 그런 상황에서 약품의 가격을 후려친다. 앞서도 설명했듯이 제약산업은 연구개발비용이 높고 직접적 생산비용은 낮은 비용 구조를 가지고 있는데, 그렇기 때문에 제약회사들은 가격이 직접생산비용만 넘어가도 약을 파는 계약에 동의를 하게 된다. 그런 전략이 가능한 것은 연구개발에 들어간 고정비용을 가격 규제가 없는 미국의 국내 시장에서 다 회수할 수 있기 때문이다.

지금 논의되고 있는 가격 규제안은 미국 내 시장에서 직접적으로 가격을 규제하자는 것이 아니다. 그들의 제안은 두 가지의 내용으로 구성되어 있다. 첫째, 외국에 수출되는 가격으로 다시 미국에 수입을 할 수 있게 하자는 것이다. 이런 규제만 이루어진다면 미국 시장에 의약품을 공급하는 제약 기업들은 국내 시장에만 공급을 하고 해외시장에 대한 수출은 자제할 것이다. 그렇게 된다면 규제는 하나 마나 한 것이 된다(역자 주). 이런 문제를 해결하기 위하여 새로운 규제안은 모든 외국시장에 대하여 그 나라 정부가 정한 가격으로 그 나라의 시장이 원하는 만큼 의무적으로 수출을 하게 하자는 내용을 제안하고 있다.[60] 최근에 나온 수정안은 자신들의 제품을 사전에 지정된 나라에 파는 기

---

60) S. 2328, Pharmaceutical Market Access and Drug Safety Act of 2005 (2004).

업들에만 한정해서 이런 규제를 가하자는 내용을 담고 있다.[61] 새 제안이 나온 이유는 이런 제도하에서 이루어지는 의약품의 거래 행위가 자발적인 것처럼 보이게 하자는 데에 있다. 그러나 새 제안의 전체 구조는 홉슨의 선택(Hobson's choice), 즉 선택처럼 보이지만 실질적으로는 선택권 없는 상황을 만들어 놓는 것이다. 해외시장을 포기하든지 아니면 미국 내 시장에서의 가격에 대한 통제권을 포기하든지 둘 중의 하나를 선택해야 하는 구조를 만들어 놓은 것이다. 그러나 특허권이 본래 추구하는 것은 자기들이 원하는 곳이면 어디서나 사업을 할 수 있게 해 주는 것이다.

두 개의 제안 모두 본질은 같다. 그 구체적 방법이 무엇이든 생산을 시작하기 전에 지출된 연구개발비용을 회수하지 못하게 하자는 것이다. 그 비용은 신약 하나당 8억 달러에서 12억 달러에 이를 것으로 추정된다.[62] 설상가상으로 이런 복잡한 가격 규제 방식은 국내 시장에서의 직접적인 규제 제도에 비해서 집행하기도 매우 어렵다. 직접 규제 제도하에서는 최소한 제삼자를 통해서 의약품이 거래되는 복잡함은 피할 수 있다. 그러나 가격 규제 제도는 어떤 것이든 문제가 많으며 특허품을 대상으로 한다고 해서 그 사실이 달라지지는 않는다. 지식재산권의 남용을 규제하는 수단으로서 가장 나은 것은 두 가지인데 하나는 반독점법이며, 다른 하나는 지식재산권법 내부에서의 여러 가지 규제 수단들이다. 제2부에서는 이 부분에 대해서 논의하겠다.

---

61) S. 1392, Pharmaceutical Market Access and Drug Safety Act of 2005, §804(n)(3)(2005).

62) Joseph A. DiMasi et al., *The Price of Innovation: New Estimates of Drug evelopment Costs*, 22 J. HEALTH ECON. 151(2003). 더 높은 비용을 추정하는 것으로는 Jim Gilbert et al., *Rebuilding Big Pharma's Business Model*, IN VIVO, Nov. 2003, at 1 참조.

제 2 부

지식재산권법 내부의 작동원리

▌비판 1:

지식재산권의 범위는 일관되게 너무 넓다

제1부에서는 지식재산권법의 존재 의의 자체에 대한 비판과 그에 대한 반론을 다루었다. 그러나 지식재산권의 원론적 필요성을 인정하고 난 후에도 지식재산의 지속기간 및 범위를 규정하는 등의 구체적인 과제가 남아 있다. 지식재산권법과 관련된 기술적인 이슈들까지 터득한다는 것은 쉬운 일이 아니다. 왜냐하면 지식재산권법의 가치는 실제의 조항들이 양극단 사이의 어디에 위치하는지와 밀접히 관련되어 있기 때문이다. 경쟁적 기술개발 의욕을 해칠 정도로 지식재산권의 범위가 넓어서는 안 된다. 마찬가지로 그 범위를 너무 좁게 설정하면 복제품의 창궐을 막아 낼 수 없을 것이다. 첫 번째의 문제를 해결하기 위해 통상적으로 아이디어나 자연환경 또는 사회적 환경에 관한 기본적인 사실, 그리고 자연법칙은 지식재산권의 보호 대상에 제외시키고 있다. 그러한 기초 위에 지식재산권법은 공공의 영역에 놓을 것과 이 법의 보호대상으로 삼아 사유재산화 할 것 사이의 경계선을 긋는 역할을 한다. 지금부터 특허와 저작권, 영업비밀에 대해서 차례대로 살펴보자.

특허. 전통적으로 특허법은 두 개의 영역으로 구분된다. 첫 번째는 특허의 성립 요건에 대한 부문으로서 원칙적으로 어떤 아이디어와 상징들이 특허의 보호를 받을 수 있는 대상인지에 대해서 다룬다. 다시 말해서 공적 영역에 들어갈 아이디어 및 상징과, 지식재산으로 보호될 발명 사이를 구분하는 일이다. 두 번째의 영역은 특정한 특허청구 사례들이 지식재산으로 보호할 만한 가치가 있는지의 여부를 사안별로 따져 보는 것이다. 각각의 문제들에 대해서 살펴보려고 한다.

　　특허요건　법이 정하고 있는 특허요건을 살펴보면 "모든 새롭고 유용한 생산과정, 기계, 물질의 제조나 합성, 또는 이런 것들을 새롭고 유용하게 개선한 것 등"[63]을 갖춘 발명은 특허권을 받을 수 있다. 그러나 아이디어와 수학적 진실 그리고 자연법칙은 특허의 대상에서 제외되어 있다. 단순한 아이디어의 차원을 넘어선 기계나 도구만을 특허의 대상으로 삼는 것은 특허를 지나치게 넓게 인정할 경우 다른 발명의 기초가 될 기초 및 응용연구를 저해할 가능성이 높기 때문이다. 지나치게 넓은 범위의 특허를 신청한 사례로는 1840년 사무엘 모르스(Samuel Morse)가 신청한 것이 있다. 그는 "어떠한 거리에서라도 인지 가능한 글자나 기호 또는 숫자를 만들어 내는 전자기학"[64] 그 자체를 특허로 신청했다. 그는 자신의 발명품인 전신기를 넘어서 그것의 작동원리인 전자기학 자체를 특허의 권리로 청구했던 것이다. 특정한 도구나 기계를 넘어서 그것이 기초하고 있는 자연현상 자체에 배타적 권리를 주게 되면 그 자연현상을 이용한 모든 창조행위에 지장을 초래한다. 모르스의 전신기나 전화 대신에 그것의 작동원리인 전자기학에 특허권을 부여하는 것이 그런 일이다. 물론 모르스의 특허권 청구는 전신기에 대해서만 인정되었고, 전자기학에 대한 특허 청구는 인정되지 않았다. 1887년 알렉산더 그라함 벨(Alexander Graham Bell)이 전화에 대해서 청구한 특허에 대해서도 그 원리가 아니라 전화라고 하는 특정한 도구에 대해서만 특허권이 인정되었다.[65]

---

63) 35 U.S.C. § 101(2000).

64) *O'Reilly v. Morse*, 56 U.S. 62, 112(1853).

65) *Dolbear v. Am. Bell Tel. Co.(The Telephone Cases)*, 126 U.S. 1(1887).

로체스터 대학(University of Rochester)이 '인간 숙주에 있어서 선택적으로 PGHS - 2(prostaglandins)의 활동을 억제'[66]하는 기능에 기초한 모든 제품에 대해서 특허를 출원했을 때도 같은 문제가 제기되었다. 이런 제품의 부류에는 관절염 및 그와 관련된 질병의 치료에 쓰이는 모든 COX - 2 억제제가 포함된다. 이들은 특정한 의약 성분에 대해서 특허를 청구한 것이 아니라 그런 기능에 대해서 청구한 것이기 때문에 만약 그들의 청구가 인정된다면 Celebrex, Vioxx, Bextra 등 그들이 청구한 기능에 기초한 모든 약품들의 판매가 금지될 판이었다. 이런 청구가 기각되는 것은 당연한 일이다. 이런 것을 막기 위해서 파편화된 공유재산의 논리까지 들고 나올 필요는 없다.

지금 대법원에서 재판이 진행되고 있는 Laboratory Corp. of American Holdings v. Metabolite Laboratories, Inc.[67] 사건에서는 특허의 범위와 관련된 문제가 다루어지고 있다. 메타볼라이트사는 비타민 B 결핍을 찾아내는 방법에 대한 특허를 가지고 있었다. 이는 코발민(cobalmin) 또는 엽산(folate)과 관련된 것으로서 호모사이스타인(homocysteine) 상승 수치와 코발민 또는 엽산의 결핍 정도 간의 상관관계에 기초해 있다.[68] 이런 검사법이 특허를 받을 만한 대상이라는 데에 누구도 의문을 제기하지 않았다. 그러나 대법원은 특허권이 '상관관계' 그 자체에 대해서 인정될 수 있는지에 대한 의문을 제기했다. 만약 해당 특허를 인정해 준다면 그 상관관계를 이용해서 만들어진 모든 검사법이 메타볼라이트사의 허락 없이는 시장에 출시될 수 없을 것이다. 애보트 연구소(Abbott Labs)가 개발한 더 우수한 진단법을 랩코프(LabCorp)사가 새로

---

66) *Univ. of Rochester v. G.D. Searle & Co.*, 358 F.3d 916, 918, 929(Fed. Cir. 2004), *aff'g*, 249 F. Supp. 2d 216(W.D.N.Y. 2003).

67) 370 F.3d 1354(Fed. Cir. 2004), *cert. granted in part*, 126 S. Ct. 601(2005).

68) *Id.* at 1359.

시장에 내놓았을 때 바로 그런 일이 일어났었다. 이 사건에 있어서 본래부터 특허의 대상이 될 수 있는 '분리되고 정제된' 물질은 어디에도 없다.[69] 그것은 마치 자연법칙에 대해서 특허를 청구하는 듯한 느낌을 준다. 만약 그것이 허락된다면 그보다 더 우수한 진단법들이 시장에서 사라질 위험에 처하게 된다. 이것은 결국 특허의 범위에 관한 문제이다. 상관관계에 대한 특허를 인정하지 않는 것이 적절한 대응이다.

특허의 범위에 관해서 서로 상반되는 실수들이 일어날 수 있다. 예를 들어, 1952년의 특허법은 특허를 너무 쉽게 부인하는 경향이 있었다. *Funk Brothers Seed Co. v. Kalo Inoculant Co.*[70] 사건은 서로 다른 종류의 박테리아를 동일한 종자에 주입하는 방법에 관한 특허를 다루었다. 법원은 이것이 비록 지금까지는 이종의 박테리아가 양립 가능하지 않다고 여겨지던 것을 가능하게 만든 방법이긴 하지만 특허의 대상이 될 만한 발명은 아니라고 판시했다. 하지만 따져 보면 이 기업은 서로 다른 종류의 박테리아가 하나의 종자에서 양립 가능한지의 여부를 밝히기 위하여 많은 시행착오를 거쳤음이 분명하다. 이것은 물질의 구성이라고 부를 만한 일이며, 여기에 특허가 주어진다고 해도 경쟁상대방의 연구개발 행위가 저해되는 것도 아니다.

다행히 Kalo는 Diamond v. Chakrabarty[71] 판결에서 번복되었다. 이 판결은 기름을 먹는 인조 박테리아에 관한 것으로서 이를 '제조' 또는 '물질의 구성' 중 어느 하나에 해당하는 것으로 보고 특허를 인정했다(새로운 기술이 과거의 틀에 잘 들어맞지 않을 때가 많다). 판결문은 이렇다. 의회가 1952년 "하늘 아래 인간이 만든 모든 것은 특허의 대상

---

69) *infra* pp.35 – 37.

70) 333 U.S. 127(1948).

71) 447 U.S. 303(1980).

이 된다."[72]는 내용의 법을 통과시켰다. 지난 25년간의 특허 관련 재판에 있어서 이런 원칙이 무너진 적이 없으며, 그것은 과학진보에 많은 기여를 했다.

이런 것들보다 따지기가 더 어려운 문제도 있다. 비록 DNA는 자연물질이지만, 현대의 DNA 재조합 기술은 특허의 대상으로 인정되고 있다. '분리되고 정제된' DNA는 물질의 구성으로 인정되기 때문이다. 여기에서 어려운 한 가지 문제가 제기된다. 퀴리부인(Madame Curie)이 역청 우라늄광(pitchblende)에서 정제하고 분리한 라듐(radium)도 특허를 받지 못했는데 왜 재조합 DNA는 특허를 받아야 하는가? *American Wood-Paper Co. v. Fibre Disintegrating Co.*[73] 사건에서는 정제된 셀룰로오스(cellulose)에 대해서 특허를 인정하지 않았다. 하지만 러니드 핸드(Learned Hand) 판사는 1901년 *Park-Davis & Co. v. H.K. Mulford Co.* 사건에서 우드 판결을 뒤집고, 아드레날린의 정제 과정에 대해 특허를 인정하였다. "논리적으로는 이 공정을 원리의 정제라고 부를 수 있지만, 실질적인 면에서 이 공정은 상업적으로도, 치료의 목적을 위해서도 새로운 물질이다. 그렇기 때문에 이것은 특허의 대상이 될 충분한 근거가 있다."[74]라고 결론짓는다. 이 판결에 의해서 아드레날린에 대한 특허는 분리된 공정을 보호하는 방식에서 분리된 물질을 보호하는 방식으로 바뀌게 되었는데, 그것을 가능하게 한 것은 그 '실용적인 목적(practical purpose)'이라는 개념이었다.

단순한 물질이 아닌[75] 유기분자 분야에 국한해서 일어난 이 같은 특

---

72) *Id.* at 309.

73) 90 U.S. 566(1874).

74) 189 F. 95(C.C.S.D.N.Y. 1911).

75) *Gen. Elec. Co. v. DeForest Radio Co.*, 28 F.2d 641(3d Cir. 1928)(denying a patent for ductile tungsten).

허원칙의 변화로 인해 분리되고 정제된 DNA에 대한 특허가 인정되기에 이르렀고, 그로 인해 바이오 기술의 발전이 가능하게 되었다. 그런데 왜 공정(process) 그 자체에 대해서는 특허를 인정하지 않는 것일까? 만약 새로운 진입자가 동일한 분자를 분리하거나 합성할 수 있는 다른 방법을 찾아낼 경우, 최초의 발명자에 대한 보호수준이 지나치게 낮아질 수 있기 때문이다. 가장 우려가 되는 것은 같은 물질을 만들 수 있는 다른 방법을 쉽게 찾을 수 있다면 최초에 정제를 착수할 인센티브는 줄어든다는 사실이다. 하지만 그에 관한 판단이 항상 명확히 이루어질 수 있는 것은 아니다. 왜냐하면 이미 특허를 받은 방식에 기초한 분리 및 정제 공정은 설령 기존 특허의 청구항과 다른 용어를 사용해서 특허를 청구하더라도 균등론(doctrine of equivalence)[76]을 어긴 것으로 여겨질 것이기 때문이다. 한편 공정에 관한 특허는 그 입증의 어려움 때문에 보호받기가 쉽지 않다는 문제를 안고 있다. 동일한 물질을 만들 수 있는 방법에는 여러 가지가 있을 수 있다. 그럴 경우에 최초의 특허권자는 어떻게 다른 사람이 자기가 특허를 획득한 방법으로 그 물질을 만들었다고 증명할 수 있겠는가? 그처럼 특허 침해여부를 증명하기가 쉽지 않기 때문에 많은 사람들이 공정은 영업비밀 관련 제도를 통해서 보호받는 편을 택하고 있다.

결론적으로 나는 현상유지를 권한다. 분리 및 정제된 물질에 대한 강력한 특허보호 조치로 인해서 엄청난 투자가 가능하게 되었다. 1980년부터 2001년까지 8,000개의 유전자 특허가 인정받았을 정도이다.[77] 만약 특허 제도가 이런 연구결과들에 대해서 배타적 권리를 인정하지

---

76) infra pp.51-53.

77) Jordan Paradise, *European Opposition to Exclusive Control over Predictive Breast Cancer Testing and the Inherent Implications for U.S. Patent Law and Public Policy: A Case Study of the Myriad Genetics' BRCA Patent Controversy*, 59 FOOD & DRUG L.J. 133(2004).

않았더라도 이런 정도의 투자가 이루어졌을지는 의문이다. 그렇기 때문에 2000년 3월 클린턴(Clinton) 대통령이 유전자 특허의 필요성에 대한 의문을 제기했을 때, 10개의 관련 핵심 기업 주식의 시가총액이 하루아침에 300억 달러나 떨어진 것이다. 그렇다고 해서 경쟁관계에 있는 다른 기업들의 주가가 높아졌느냐 하면 그것도 아니다. 러니드 판사가 세운 원칙은 결국 시간의 검증을 통과한 듯이 보인다.[78] 그 원칙을 뒤집으려는 시도는 이미 기업들에 확립된 기대를 무너뜨릴 것이다.

특허 요건과 관련된 두 번째의 논란은 단순한 수학적 아이디어와 유용한 알고리즘의 경계이다(알고리즘은 현재의 입력값으로 미래를 예측하기 위한 수학적 혹은 컴퓨터 프로그램상의 절차이다). 단순히 몇 개의 숫자를 골라 다른 숫자로 만드는 정도로는 알고리즘이라고 부를 수 없다. 그러나 외부의 투입을 유용한 데이터로 연결시켜 유용한 결과를 만들어 낼 수 있는 것이라면 가능하다. 예를 들어 심장 박동을 특정한 방식의 그래프로 보여주는 것은 특허가 될 수 있다. 그 그래프를 통해 환자의 심장마비 위험성을 효과적으로 알 수 있기 때문이다.[79] 이러한 발명에 특허를 주는 것은 정당하다. 비록 기계로 만들지는 않았다 하더라도 기계를 만들기에 충분한 정도의 상세한 설명이기 때문이다. 이는 옴의 법칙(Ohm's law)과 같은 자연법칙에 대해 특허를 받으려는 것과는 다르다. 따라서 과학적 연구의 기본적 패턴을 바꾸어 놓을 가능성도 높지 않다.

마지막은 영업방법 특허를 둘러싼 분쟁이다. 영업방법 특허(흔히 BM 특허)란 (대부분 컴퓨터에 의해서 시행되는) 영업의 절차에 대한 특허를 말한다. 가장 대표적인 사건이 *State Street Bank & Trust Co. v. Signature*

---

78) BRCA 유전자에 대한 논의를 참조할 것. *infra* pp.66 – 67.{page # may change}

79) *Arrhythmia Research Tech., Inc. v. Corozoniz Corp.*, 968 F.2d 1053(1992).

Financial Group, Inc.[80]인데 다수의 고객을 가진 뮤추얼 펀드 계정을 컴퓨터로 관리하는 회계방법에 대한 특허와 관련된 사건이다. 이 사건에 있어서 법원은 원칙적으로 영업방법도 특허의 대상이 된다고 판시했다. 물론 문제가 된 그 영업방법에 대해서는 특허를 주지 않는 것이 더 나았을 수 있다. 사실 많은 영업방법들이 너무나 자명하기 때문에 진보성 요건을 충족시킬 수 없거나, 이전 기술에서 크게 벗어나지 않아 신규성을 충족시키지 못할 가능성이 높다. 그렇다고 해서 영업방법 그 자체를 특허의 대상에서 제외하는 것은 바람직하지 못하다.

오늘날 특허의 범위가 확대되어 가면서 분쟁이 늘어날 것이 염려되지만 그것을 완화시켜 주려는 추세도 나타나고 있다. 치열한 특허분쟁은 대개 경쟁 기업들 사이에서 일어난다. 특허를 침해당했다고 소송을 낸 기업이 또 다른 재판에서는 침해를 했다고 소송을 당하기 일쑤이다. 이처럼 서로 물고 물리는 관계에 있기 때문에 이런 기업들 간에는 서로 협조의 관계가 형성될 가능성이 높다. 물론 경쟁관계에 있다는 사실이 둘 사이의 협조를 어렵게 만들기는 하지만 그렇더라도 협조에 따른 이익이 크기 때문에 경쟁을 극복하고 협조에 성공할 가능성도 제법 높다. 실질적으로 이 기업들은 무지의 장막 뒤에 놓여 있다. 즉 특정한 규칙이 이번에는 자신에게 유리하게 작용하지만 언제 그것이 해로운 결과를 가져다줄지 알 수 없다. 그렇기 때문에 당장 자기에게만 유리한 규칙을 밀어붙이는 것은 자신의 장기적 이익에 부합하지 않는다. 그렇게 하여 산업 전체에 돌아갈 파이의 크기가 줄어든다면 자신이 가져갈 몫도 줄어들 것이다. 최선의 정책이 있다고 하더라도 어떤 기업은 동의하지 않을 수 있으며, 또 다른 기업들은 사안의 어느 한쪽에 대

---

80) 149 F.3d 1368(Fed. Cir. 1998).

해서만 지나친 투자를 했을 수 있다. 그럼에도 불구하고 전체적으로 보면 기업들이 자기에게만 이익이 되는 극단적인 입장을 취할 구조적 이유는 약하다.

신규성, 산업상 이용 가능성, 진보성 어떤 발명이 특허의 요건을 갖추었는지는 출원된 사안별로 구체적 기준에 의해서 판단된다. 따라서 어떤 발명이 '새롭고 유용'할 때에 비로소 특허를 받을 수 있다. 이미 꽤 오랜 시간 동안 존재하고 있던 장치라면 특허를 줘야 할 이유가 무엇인가? 그런데 어떤 것을 새롭다고 봐야 할까? 국내에서 이미 존재하고 있는 물건이라도 격리된 상태의 다른 나라에 가면 새로운 물건이 될 수 있는가? 전문가들이 보는 문헌에서는 이미 언급되어 있지만 아직 한 번도 상업화되어 본 적이 없는 것은 새로운 것일까? 모두 난해한 문제들이긴 하지만 그런 것들로 크게 고민할 필요는 없다. 특허와 관한 중요한 이슈들은 그처럼 난해한 것들에 대한 것이 아니기 때문이다.

'유용한'이라는 요건은 좀 더 골치 아픈 문제를 제기한다. 용어의 일반적 의미와는 달리 이 요건은 해당 발명이 상업적으로 유용할지의 여부를 묻는 것이 아니다. 미국의 특허상표청(Patent and Trademark Office, 이하 PTO)라고 함은 예전부터 그런 것을 묻지 않았다. PTO의 특허 및 상표 등록 시스템이 산업정책의 도구로 탈바꿈되어서는 안 된다. 대부분의 경우 '산업상 이용가능성'이라는 개념은 공공정책에 위배되는 발명을 특허의 대상에서 제외시키는 정도의 미미한 역할만 담당해 왔다. 합법적인 물건으로 보기에는 너무 이상한 물건들이 여기에 해당한다. 여기에 한 가지 예외가 있는데 화학적 혼합물(chemical compounds)의 경우이다. 이 분야에서는 기업들이 구체적인 용도에 대한 아이디어도 없이 잠재적인 혼합물들을 대거 특허로 등록하는 것을 막는 장치로 산업상 이용가능성이라는 요건이 긴요하게 쓰이고 있다.[81] 그러나 이 경우에서조차 잠재적 용도를 최소한의 범위에서 입증하는 것만으로도 충분히 이 요건을 통과할 수 있다.

'진보성'은 특허의 요건 중에서 가장 이해하기 힘들다. 법은 진보성을 다음과 같이 규정하고 있다. "출원된 발명과 공지의 기술 간의 차이를 보았을 때 발명이 이루어졌을 당시 그 분야에서 통상의 기술을 가진 사람에게 자명해 보이는 것은 특허를 받을 수 없다."[82] 이 문장의 모든 구절들마다 치열한 재판의 대상이 되어 왔다. 하지만 불행하게도 진보성의 여부에 대한 판단은 정도의 문제로 귀착된다. 더욱 문제인 것은 진보성 여부를 판단하기 위해 그때까지 알려져 있던 공지의 기술 - 느슨하게 말하자면 해당 분야에서 용인된 지혜 - 을 모두 조사해야 한다는 것이다. 왜 이런 대결을 만들어 내야 할까?

이 같은 대결이 생기는 것은 누구도 이에 대한 판단을 위해 더 좋은 방법을 고안해 내지 못했기 때문이다. 이 요건의 근본 취지는 특허를 너무 쉽게 내주어서는 안 된다는 것이다. 만약 누군가가 조금만 생각해 봐도 문제의 발명과 똑같은 것을 만들어 낼 수 있다면 국가가 그런 발명에 대해서 특허라는 보상을 해 줄 이유가 없다. 하지만 이 요건을 적용하는 데에는 어려움이 많다. 진보성 판단의 대표적 사례로 꼽히는 *Graham v. John Deere Co.*[83] 사건에서 대법원은 그래험이 특허권을 주장하는 '고정된 돌쩌귀가 이동식 손잡이(날이 붙어 있는) 상단에 붙어 있는 쟁기'는 손잡이 하단에 고정된 돌쩌귀를 붙인 기존의 쟁기에서 크게 진보한 것이 아니기 때문에 특허를 인정할 수 없다고 판시했다. 해

---

81) *Brenner v. Manson*, 383 U.S. 519(1966).

82) 35 U.S.C.A. § 103(a)(2006).

83) *Graham v. John Deere Co.*, 383 U.S. 1(1966).

당 분야에서 통상의 기술을 가진 사람이라면 누구나 '그래험이 했던 일, 즉 손잡이와 돌쩌귀 판을 뒤집어 붙이는 것'을 생각할 수 있다는 이유에서였다.[84) 그래험도 상대방의 발명이 원래의 발명과 그리 다를 것이 없다는 이유로 상대방이 중복 특허를 받지 못하게 하는 데에 성공했다. 두 번째의 발명은 기술혁신에는 기여하지도 못하면서 경쟁만 저해하는 것이었다.

물론 그래험 판결이 별도의 발명 없이 기존 특허 물질을 '개선한 특허'를 모두 배제하는 것은 아니다. 오히려 이런 발명들을 다루는 별도의 규정까지 마련되어 있다. 이 경우 두 번째의 특허는 원래의 특허에서 어느 정도의 개량이 이루어진 것인지가 문제이다. 이 질문에 답함에 있어 '비자명성(nonobviousness)'이라는 영어의 문구가 다른 어떤 것보다 중요한 판단 기준을 제공한다. 이 요건은 어느 정도 '천재성(spark of genius)'이 들어간 발명에 대해서만 특허를 주겠다는 것이다. 천재는 1%의 영감과 99%의 땀으로 이루어진다는 에디슨(Edison)의 말과는 차이가 있는 기준이기는 하지만, 아직 누구도 이보다 나은 기준을 찾아내지는 못했다.

역설적이게도 비판자들 중에는 소위 사회적 낭비라는 것을 막기 위해 특허의 인정범위를 더욱 넓혀야 한다고 주장하는 사람들도 있다. 주로 제약산업의 비판자들이다. 그들은 소위 '미 - 투(me - too)' 의약품, 즉 기존의 약품을 흉내 낸 의약품을 문제시한다. 의학적 관점에서 봤을 때 그런 의약품들은 막대한 광고를 통해서 성공을 거둔 것일 뿐이다. 원래의 의약품을 넘어선 의미 있는 과학적 진보에 바탕을 둔 것이 아니라는 것이다. 마르시아 앙겔(Marcia Angell)과 아놀드 렐만(Arnold

---

84) *Id.* at 25.

Relman)이 인용한 대표적인 사례는 아스트라－제네카(Astra－Zeneca)가 2001년 10월 넥시움(Nexium)을 시장에 내놓은 사건이다.[85] 이 약품은 그 전에 이미 대박을 터뜨린 플릴로섹(Prilosec)의 특허 기간이 종료되자마자 시장에 출시되었다. 하지만 이런 비난은 다음과 같은 세 가지의 이유로 지나치다. 첫째, 2세대 의약품이 앞의 것에서 크게 개선된 것이 없다면 진보성 기준을 통과할 수 없다. 둘째, 특허를 받은 2세대 의약품의 효능이 앞의 것과 큰 차이가 없다 하더라도 전문적인 건강관리 기관 등의 잠재적인 이용자들은 특허기간이 끝난 첫 번째 성분의 약품을 구입할 것이다. 따라서 이와 관련된 사업상의 문제는 특허법의 문제가 아니라 의료기관의 경영, 특히 메디케이드(Medicaid), 그중에서도 뉴욕에서의 문제이다.[86] 셋째, 광고는 오히려 장려해야 할 일이다. 믿을 만한 연구에 의하면 특허기간이 끝나서 아무나 상표 없이 그 성분의 의약품을 생산하는 단계에 들어서면 오히려 해당 약품의 판매는 줄어든다고 한다.[87] 수많은 공급자들이 경쟁적으로 해당 성분의 약품을 공급하고 있음에도 불구하고 누구도 광고를 하지 않기 때문이다. 물론 개선 특허 중에는 자격이 없는 것들도 있는 것이 사실이다. 그러나 지나친 특허 독점이 발생할 만큼 구조적으로 과도한 보호를 하고 있다는 증거는 발견되지 않았다.

저작권. 단순한 아이디어는 특허에서 제외한다는 특허법에서의 기본 취지는 저작권에서도 여전히 유효하다. "저작권은 유형의 표현 매

---

85) *See* Arnold S. Relman & Marcia Angell, *America's Other Drug Problem*, NEW REPUBLIC, Dec. 16, 2002, at 27, 38.

86) Prilosec 사례를 보려면 Michael Luo, *Under New York Medicaid, Drug Costs Run Free*, N.Y. TIMES, Nov. 23, 2005, at A1(noting the six－fold difference in cost) 참조.

87) Darius Lakdawalla et al., *Intellectual Property and Marketing*(working paper on file with author) 참조.

체에 고정된 독창성 있는 저작물에 대해서 인정된다."88) 문학작품, 음악작품, 건축물, 드라마, 영화, 소리, 그림, 그래픽, 조각, 팬터마임, 무용 같은 것들이 그 예이다. 공개된 작품은 물론이고 공개되지 않은 것도 보호의 대상이 된다. 원작으로부터 도출된 2차 저작물과 복원된 저작물도 저작권이 인정될 수 있다.

이 법을 시행함에 있어 가장 중요한 법률문제는 저작권으로 보호받을 만한 독창성이 무엇인가이다. 기술 분야에 있어서는 과학적 또는 비즈니스 용도의 데이터베이스가 가장 논란의 대상이었다. 민간 기업들은 자신의 데이터베이스를 영업비밀로서 보호해 왔다. 돈을 낸 고객만 아이디와 비밀번호를 통해서 자신이 만든 데이터베이스에 접근할 수 있게 하였다. 그러나 데이터베이스 중에는 대중에게 공개되어야만 의미가 있는 것들도 있다. 전화번호 같은 것이 그렇다. 만약 전화번호의 데이터베이스를 돈 낸 사람에게만 이용하게 한다면 전화번호부의 광고매체로서의 역할은 사라질 것이다. 그렇다면 전화번호의 데이터베이스처럼 단순한 데이터베이스도 저작권으로 보호받을 수 있는 것일까?

*Feist Publication v. Rural Telephone Service*89) 재판에서 법원은 전화번호부에서 전화번호 그 자체는 복사해도 저작권을 침해한 것이 아니라고 판시했다. 왜냐하면 '사실' 그 자체는 저작권의 보호를 받지 못하기 때문이다. 그러나 전화번호를 '배열한 방식'과 '디자인'은 저작권 보호의 대상이다. 좁은 관점에서 보면 이 판시가 옳을 수 있다. RTS는 전화 시스템을 운영하는 기관이기 때문에 그리 크지 않은 비용으로도 전화번호의 목록을 만들 수 있다. 반면 파이스트(Feist)는 그 숫자들의 진위

---

88) Copyright Act, 17 U.S.C. § 102(2000).
89) 499 U.S. 340(1991).

여부만 확인한 후 출판했다. 결국 파이스트 사건의 판시사항은 '사실'
에 대해서만 적용하는 것이 최선의 방책이다. 그렇지 않으면 누구도
데이터를 수집하고 출판하는 노력에 투자하지 않으려고 할 것이다. 예
를 들어 파이스트처럼 단순히 전화번호에 알파벳을 붙이는 정도가 아
니라 수많은 자료들 중에서 일부를 추출하고 정렬해서 만든 데이터베
이스는 저작권으로 보호해 주어야 한다. 지금까지의 논의를 정리하자
면 저작권법은 기업들에 자신들의 데이터베이스를 반드시 저작권으로
보호하라고 강요하지 않는다. 데이터베이스는 공공의 영역에 내놓을
수도 있고, 오픈소스와 같은 방식의 사용허가제로 할 수도 있으며, 영
업비밀에 의한 보호를 택할 수도 있다. 마찬가지로 정부도 하고 싶다
면 언제든지 자신들의 공공문서와 데이터를 대중들이 자유로이 사용
할 수 있게 공개할 수도 있다. 다른 모든 분야에서와 마찬가지로 배타
적 권리란 양날을 가진 칼이다. 그것을 통해서 이 같은 데이터베이스
의 생산이 촉진되기도 하지만 또 다른 한편으로는 이용이 억제되는 부
작용도 있다. 이 분야에 관한 미국의 기존 법을 더 고쳐야 할 필요성은
그리 커 보이지 않는다.

영업비밀. 영업비밀은 특허와 저작권과는 다른 논리 위에 서 있지
만, 과도한 독점력에 대한 대응장치를 갖추고 있다는 점에서는 공통점
을 가진다. 특허와 저작권과는 달리(상표권 역시 같다), 영업비밀은 등
록을 할 수 없다. 등록을 하는 순간 그 내용이 세상이 공개될 것이고,
그것은 더 이상 비밀로서의 가치를 가지지 못한다. 따라서 영업비밀에
관한 법의 개입은 영업비밀의 창조에 대해서가 아니라 그것의 보호에
집중되어 있다. 구체적 보호수단은 사후적 손해배상이거나 사전적 금
지청구이다. 자신의 노하우를 영업비밀로 하기 위해서는 그것을 일상

적인 비즈니스로부터 분리하기 위한 관찰 가능한 조치(음식물 조리법 같은 경우 책상 서랍에 넣고 자물쇠를 잠그는 정도의 행동이면 충분하다)를 취하기만 하면 된다. 영업비밀법은 보호의 대상이 되는 비밀의 내용에 대해서는 거의 어떠한 제한도 가하지 않는다. 아래의 정의들이 이를 잘 보여준다.

불법행위법 리스테이트먼트 757조의 논평 b에는 다음과 같은 내용이 실려 있다.

> 영업비밀은 자신의 영업에 사용되는 공식이나 형식, 장치 또는 축적된 정보로서 그런 것을 가지고 있지 않은 경쟁자와의 관계에서 경쟁우위를 제공해 주는 것을 말한다. 화학적 합성물이나 제조의 공정, 물질의 처리나 보존, 기계나 또는 기타 장치들을 위한 패턴, 고객의 명부 같은 것들이 모두 영업비밀로 보호받을 수 있다.

부정경쟁방지법 39조에도 비슷한 조항을 찾아볼 수 있다.

> 영업비밀이란 비즈니스나 기타 사업의 운영에 필요한 정보로서 다른 사람보다 실제의 또는 잠재적인 경제적 우위를 가능하게 해 주는 것을 말한다.

통일영업비밀법에서는 다음과 같이 정의하고 있다.

> 4) 영업비밀이란 공식이나 패턴, 장치 또는 축적된 정보, 프로그램, 장치, 방법, 기술 또는 공정 등으로서:
>
> i) 다른 사람들에게 알려지지 않았을 뿐 아니라 그것이 공개될 경우 이득을 얻게 될 타인들이 쉽게 확인하기 어렵다는 사실로부

터 가치가 발생하는 것

ii) 그리 큰 비용을 들이지 않고도 비밀로 유지할 수 있는 것[90]

불법행위법의 리스테이트먼트(restatement)는 가장 공통적인 형태의 영업비밀에 대해서 말하고 있는 반면 부정경쟁방지법의 리스테이트먼트는 실제적 혹은 잠재적인 경제적 이익을 단순히 언급하고 있다. 통일영업비밀법은 두 가지의 요소를 혼합시켜 놓았다. 이 정의들이 말하고 있듯이 해당 정보를 지키기 위한 아주 초보적 수준의 조치를 취하는 것만으로도 영업비밀은 성립한다. 사실 이와 같은 조항은 그 자체로서 한계를 가지고 있다. 누구도 세상에 이미 널리 알려져 있거나 또는 알아봤자 쓸모도 없는 정보를 비밀로 지키려고 하지 않을 것이기 때문이다. 세상의 모든 영업비밀이 같은 가치를 가지지 않았다는 것은 분명한 사실이다. 하지만 그 비밀의 내용이 동네 식품점의 가을 세일 계획 같은 하찮은 것이건, 아니면 그 가치가 500억 달러를 넘어가는 코카콜라의 합성법에 관한 것이건 법의 보호내용은 똑같다. 이들 둘 사이의 실질적인 차이점이 있다면 각 정보의 소유자들이 해당 정보를 비밀로 유지하기 위하여 행하는 투자의 규모에 있다. 코카콜라가 비밀유지에 투입되는 비용은 동네 식품점보다 훨씬 많을 것이다. 하지만 식품점이 비밀유지에 투자를 조금 한다고 해서 법의 보호망에서 벗어나는 것은 아니다. 그것은 마치 강력한 자체 경비시스템을 갖춘 고층 빌딩뿐만 아니라 누구도 지키지 않는 빈 땅까지도 똑같이 법의 보호대상인 것과 마찬가지다. 보호의 수단이 손해배상이든 금지청구이든 간에 영업비밀법에 의한 보호는 비밀의 가치와는 상관없이 모든 영업비밀에 대해서 동일하게 적용된다.

---

90) UNIF. TRADE SECRETS ACT: WITH 1985 AMENDMENTS, *supra at note 4.*

■ 비판 2:

지식재산권 보호 기간이 너무 길다

이 비판이 옳은지에 대한 답은 지식재산권의 구체적 형태에 따라 다르다. 특허의 보호기간은 상대적으로 짧으며, 저작권은 그보다 훨씬 긴 기간 동안 보호된다. 영업비밀은 원칙적으로 영원히 지속될 수 있다. 여러 가지를 고려해 볼 때, 지식재산권을 이처럼 세 가지로 구분하는 것은 잘한 일이다. 특허는 출원일로부터 대개 20년간 보호된다. 비교적 짧다. 그 이유는 발명이나 발견이 완전히 새로운 지식재산이기보다 기존의 과학기술적 연구에 기초하고 있기 때문이다. 신형 레이저나 컴퓨터 주변기기를 개발하려고 하는 이들은 그야말로 천지에 널려 있다. 이러한 발명에 지나치게 큰 상금을 내걸 필요는 없다. 문학작품에 대한 저작권 보호기간은 그보다는 더 길어야 하지만 오늘날에는 이미 너무 길어진 것일 수 있다. 하지만 기술발전이 빨라서 실질적 수명이 아주 짧은 컴퓨터 소프트웨어 같은 경우 몇십 년씩이나 되는 저작권 보호기간은 거의 의미가 없다. 영업비밀의 경우 그것을 만드는 데에 공권력으로부터의 어떠한 보호조치도 필요 없기 때문에 보호기간도 무한정이다. 자발적 의사에 의해서 공개되거나, 다른 누군가가 리버스 엔지니어링을 통해서 그 정보를 스스로 만들어 내거나, 또는 독자적 발견을 통해서 그 정보가 생성될 때에만 영업비밀은 그 수명을 다하게 된다. 이 모든 규칙들은 권리에 관한 것인데 구체적 몇 가지의 이슈에 대해서는 추가적인 설명이 필요할 것 같다.

특허보호기간과 해치 – 왝스만 법. 20년이라는 특허보호기간 동안에 특허권자는 자신의 권리를 매각할 권리를 부여받지만, 모든 권리를 다 매각할 수 있는 것은 아니다. 예를 들어, 제약회사가 특허에 기초해 만든 신약을 판매하기 위해서는 FDA로부터 승인을 받아야 한다. 의약품의 안전과 효과를 확인하는 FDA의 승인 절차는 복잡하고 오래 걸린다. 그것으로 인해 새로운 의약품의 출시가 지연되기 마련이고 특허권이 유용하게 사용될 실질적 기간도 줄어든다. 절차를 모두 걸치는 데는 보통 10년 이상이 걸린다. 특허권자인 제약회사로는 큰 손실이다. 1984년에 제정된 해치-왝스만 법(1984 Hatch-Waxman Act)[91]은 이에 부분적인 해법이 될 수 있다. 이 법에서는 규제당국이 요구하는 청문회를 하기 위해 지연된 일수의 2분의 1만큼을 당초의 특허 기간에 더해주는 혜택을 마련해 놓고 있다. 여기에는 5년 미만의 상실된 기간에 대해서만 적용된다는 단서가 달려 있다. 그러나 그것의 현재가치를 기준으로 본다면 15년 또는 20년 후에 주어지는 30개월의 추가 특허 기간은 승인절차를 거치느라고 소모한 60개월 또는 그 이상의 기간을 제대로 보상하지 못한다. 한편 이 법은 특허권자의 혜택을 간접적으로 축소하는 내용도 담고 있다. 이 법은 특허권 종료 후 복제약품을 생산할 기업들에 특허기간 만료 전에 실험적인 사용을 허용한다. 이 법에 의해 복제약품을 생산하는 자들은 최초의 특허 만료 기간이 경과할 경우 추가기간이 얼마이든 FDA에 약식 신약 신청(ANDA)을 신청할 수 있다. 이런 제도는 특허권을 가진 자와 사용하려고 하는 자 간에 이익의 균형을 맞추고 있다. 그러나 특허의 기간 연장을 규제로 인해서 손해를 보는 기간보다 짧게 하는 것이 과연 합리적인지에 대해서는 여전히 의문이 남는다.

---

91) Pub. L. No.98-417, 98 Stat. 1585(1984).

저작권. 이미 언급했듯이 문학작품들에는 저작권 보호기간이 중요하지만, 기술 분야에서의 저작권은 대부분 크게 의미가 없다. 사용 가능한 기간이 법이 보호하는 기간보다 훨씬 짧기 때문이다. 이 문제에 대해서 더 이상 언급할 필요는 없을 것 같다.

영업비밀. 영업비밀법은 개인들이 영업비밀을 영원히 지킬 수 있는 권리를 보장하고 있다. 하지만 대부분의 경우 그 기간은 의미가 없다. 기술적인 정보의 경우 새로운 공정들이 기존의 것을 계속 대체하기 때문이다. 경쟁기업이 새로운 공정을 개발했는데도 자신은 그 사실도 모른 채 자신의 공정을 비밀로 부치고 있을 수 있다. 리스테이트먼트가 언급하고 있는 합성물이나 공정, 공식, 계획 또는 명부 같은 것들이 모두 이런 위험을 안고 있다. 우리의 법체계는 영업비밀에 기간 제한을 두지 않고 독립적인 발견, 역엔지니어링, 실수에 의한 공개 등에 의해 자연스럽게 비밀의 가치가 소멸될 여지를 열어 놓고 있다. 권리를 영원히 보장한다고 하더라도 그것으로 인해 타인의 혁신이나 정보공개에 지장을 주지 않는 한 영원한 권리 보호가 사회적 위협이 될 수는 없다.

▌비판 3:

등록 제도가 특허 특허에 대해 영향이다

　　보통법은 오랫동안 청구권들 사이의 갈등을 "시간적으로 앞선 것이 우선권을 가진다."는 원칙에 따라 해결하여 왔다. 예를 들어 토지와 가축과 야생동물의 경우 선점자가 그 후의 청구권자들보다 우선한다. 그런데 이런 제도가 제대로 작동하려면 선점자가 누구인지를 나머지 사람들이 모두 알 수 있도록 공시제도가 갖추어져야 한다. 공시제도가 왜 필요한지 예를 들어 보자. 토지의 경우 선점자는 말뚝으로 자기 땅을 표시할 수 있다. 그러나 말뚝은 쉽게 뽑힐 수 있다. 그렇기 때문에 등기제도가 가장 효율적인 공시의 수단이 된다. 청구권을 한 장소에 등록하게 한 후 다른 모든 청구권자들이 그 기록을 볼 수 있게 하는 것이다. 불행히도 등기를 단일장소나 시설에서만 하겠다는 시도는 등기에서 경쟁시장이 형성되는 것을 방해해 왔다. 도메인 네임에서도 마찬가지다. 그러다 보니 등기는 국가의 전유물이 되어 버렸다. 토지의 경우 문제는 비교적 간단히 해결된다. 각 토지에 관련된 모든 청구권을 하나의 파일에 기록하면 된다. 다른 사람들은 그것을 복사해서 사용하면 된다. 그러나 특허의 등록은 그렇게 간단하지가 않다.

　　이 시점에서 특허상표청(PTO)의 이중적 기능을 이해할 필요가 있다. 특허를 기록하는 것이 하나이고, 그것을 심사하는 것이 또 다른 기능이다. 심사는 아주 심도 있게 진행될 때도 많다. 심도 있는 심사를 한다는 점에서 PTO는 저작권 사무소와 차이가 있다. 저작권 사무소의 경우 제출된 저작물이 저작권의 보호대상이 되는지에 대해 아주 피상

적인 심사만 할 뿐이다. 심사를 통해서 PTO는 출원된 발명이 특허의
요건을 갖추었는지에 대해 나름대로의 판단을 한다. PTO에 의해서 주
어진 특허는 추후에 일어나는 분쟁에 있어서 일단 효력이 있는 것으로
추정된다.[92] 따라서 현행 특허 제도를 바꾼다는 것은 첫째, PTO에 의
한 심사제도를 폐지하는 것이고 둘째, 특허의 추정력을 박탈하는 것을
뜻한다.[93] 저작권의 경우 그것의 정당성에 대한 다툼이 거의 제기되지
않는 반면 특허와 관련해서는 개념적 차원에서든 행정적 차원에서든
많은 문제가 제기된다. 그중에서도 특히 오늘날 문제가 되는 것은 행
정적 차원에서의 어려움이다. 그것은 우선권에 관한 규칙과 PTO의 운
영에 관한 문제로 압축될 수 있다. 특허 심사관들에게 문제가 있다고
말하는 것이 아니다. 그들은 현 체제를 운영하기 위해 열심히 일하고
있을 뿐이다. 문제는 어떤 규칙을 선택할 것이며 그리고 어떻게 자금
을 조달할 것인지와 관련되어 있다.

불행히도 미국의 특허법은 세계에서 유일하게 선출원자 우선 원칙
을 따르지 않고 있다. 물론 실제적으로는 최초의 발명자가 가장 먼저
특허를 출원하는 경우가 99%이다. 그러나 불행하게도 미국의 법은 원
칙적으로 '선발명' 원칙에 의존하고 있다.[94] 물론 최초의 출원자가 최
초의 발명자로 추정되기는 하지만, 후발 출원자가 그 이전부터 그와
관련된 발명 활동을 계속해 왔음을 입증한다면 선출원자가 선발명자
라는 추정은 뒤집힌다. 특히 가치가 큰 발명의 경우 이런 원칙이 문제
로 등장한다.

선발명 원칙은 꾸준히 발명활동을 한 사람을 우대한다. 특히 특허출

---

92) 35 U.S.C.A. § 282(2006).

93) F. Scott Kieff, *The Case for Registering Patents and the Law and Economics of Present Patent −Obtaining Rules*, 45 B.C. L. REV. 55(2003).

94) 35 U.S.C.A. § 102(g).

원 같은 절차에 서툰 영세발명자를 보호하기 위한 제도라고들 말한다. 그러나 요즘 들어 보다 많은 사람들은 선발명 원칙에 회의를 갖고 있다. 첫째, 미국의 특허 제도는 선출원제로의 전환을 통해 다른 나라의 제도와 조화를 이룰 수 있다. 발명의 가치에는 본디 국경이 없기에, 이렇게 국제적 표준으로의 전향은 큰 이점을 가져올 수 있다. 그뿐 아니라 선발명자의 원칙은 영세발명자 보호라는 본래의 취지도 제대로 살리지 못하고 있다. 따져 보면 이 원칙의 어디에도 영세발명자에 대한 보호장치는 없다. 오히려 돈 많고 전문적 지식이 많은 기업들이 이 원칙을 이용해서 먼저 특허를 출원한 영세 발명가들의 권리를 빼앗을 수 있다. 단순한 규칙이 복잡한 규칙보다 더 좋다는 것은 여기에서도 사실이다. 선출원자 우선의 원칙이 채택될 경우 완성도 안 된 발명을 가지고 출원부터 해 놓고 보는 경우가 많을 거라는 우려가 있지만, 이 문제는 올바른 원칙의 폐기가 아니라 심사과정을 정비해서 해결할 문제다.

PTO의 특허출원 제도를 고치면 특허법 분야에서의 국제 공조 체제를 향상시킬 수 있다. 미국의 주요한 교역 상대국들은 출원 후 18개월 이내에 특허 내용의 공개를 의무화하고 있다.[95] 이렇게 함으로써 사람들은 가장 최근의 정보에 기초해서 특허 또는 발명에 대한 결정을 내릴 수 있다. 미국의 특허법도 미국 국내와 해외에서 동시에 출원된 발명은 출원 후 18개월 이내에 공개하도록 함으로써 부분적으로 이 정책을 채택하고 있다. 시장이 국제화되면서 미국에서 출원된 특허의 상당수가 이미 세계의 일반적 기준을 만족시키고 있다. 미국에서 출원된 모든 특허들이 이런 기준을 채택한다면 단일 기준으로 국제적인 공조

---

95) 예를 들어 Mark A. Lemley & Kimberly A. Moore, Ending Abuse of Patent ontinuations, 84 B.U. L. REV. 63, 88(2003)(noting that the rest of the world already require[s] publication 18 months after filing).

체제를 이루는 데에 큰 도움이 될 것이다. 그렇게 된다면 다른 발명자들의 중복 발명을 방지할 수 있을 것이다. 소위 '잠수함 특허'가 만들어지는 것도 억제할 수 있을 것이다. 잠수함 특허란 후발 발명가가 이미 기술의 상업화를 위해 상당한 투자를 하고 난 후, 누군가가 그것과 중복되는 기술로 특허를 받았다면서 나타나는 경우를 두고 하는 말이다.

불행히도 PTO는 근래 폭증하는 출원 건수를 감당하지 못하고 있다. 생명공학 등 고급 기술의 발전으로 특허는 기하급수적으로 증가하고 있다. 정당성이 의심스러운 특허들이 버젓이 심사를 통과하는 사례들이 빈발하고 있다. 이는 일에 지치고 박봉에 시달리는 특허심사관들보다 출원자들이 한 수 위에 있기 때문이다. 심사가 이처럼 허술하기 때문에 수백만 달러를 들여가면서까지 특허를 둘러싼 싸움을 벌이는 경우가 생겨나고 있다. 그로 인한 피해는 기업과 소비자에게 전가된다. 그럼에도 불구하고 특허의 심사는 국가의 독점 사업이기 때문에 누구도 그 병목을 피해 갈 수가 없다. 가장 현실적인 방안으로서, 국가는 PTO에 더 많은 자원을 투입해야 한다.[96] 보통의 기업들이라면 새로운 비즈니스로 일이 늘어날 때 불평하지 않는다. 오히려 이윤을 늘리기 위해 값을 올리고 인원을 확대하며 장비의 업그레이드로 늘어난 수요에 대응한다.

그러나 정부는 시장과 같은 방식으로 작동하지 않는다. 외부에서 변화가 와도 달라지는 것은 아무것도 없다. 특허 제도의 근간인 특허심사관들은 공급이 부족하더라도 값을 올려 받을 수 없다. 그들의 초임은 연 5만 3,000달러이다. 이후의 연봉 인상액도 미비하다. 최고의 연봉을 받는 심사관이 10만 달러를 받는다. 반면 특허 변호사의 연봉 인

---

96) 이에 대한 증거로는 다음을 볼 것. JAFFE & LERNER, *supra* note 21, at 127 − 50(2004).

상은 매우 빠르다. 초봉 15만 달러에 계약 보너스까지 얹어 받는 경우
도 많다. 시기마다 편차가 있기는 하지만 오늘날 심사관들의 작업량은 유
럽 특허청에 비해 두 배에 달하고 있다. 예산의 제약에서 비롯된 일이다.

　최근까지도 의회는 PTO가 벌어들인 수수료 수입의 상당 부분을 다
른 용도로 배정하였다. 이제야 의회는 PTO가 2년간 특허출원료를 인
상할 수 있게 허가하였다.[97] 지금 당장이야 그 수수료 수입을 모두
PTO가 쓸 수 있게 되어 있지만, 앞으로도 그럴 수 있으리라는 제도적
보장은 없다. PTO에 자신의 수입을 재량권을 가지고 모두 지출할 수
있게 해야 한다. 그것이 옳다. 기존 제도하에서는 심사를 기다리는 특
허출원 건수가 너무 많기 때문에 제대로 심사도 이루어지지 않아 20년
이라는 특허 보호 기간[98]이 낭비되고 있다.[99] 특허 수수료와 정부의
조세 수입도 줄어들고 있다. 양질의 특허들이 심사도 제대로 받지 못
한 채 불확실한 상태로 남아 있음으로 인해, 특허 제도가 기업활동을
촉진하기는커녕 오히려 저해하고 있다. 설상가상으로 '저질'의 발명품
들이 특허 출원을 하는 경우가 많아서 심사관들은 그것들로 골머리를
앓고 있다. 이런 발명들이 심사를 통과해서 특허를 받게 되면, 십중팔
구 치열한 재판으로 이어지기 십상이다. 청구항이 적절한지에서부터,
공지의 기술이 있었는지, 진보성을 충족하였는지의 여부 등 모든 것

---

97) Consolidated Appropriations Act, 2005, Pub. L. No.108－447, 118 Stat. 2809.

98) 35 U.S.C.A. § 154(a)(2)(2006).

99) 이 법이 시행되기 전에 전임 PTO 국장 제임스 로간(James Rogan)은 만일 의회가 임시 개
　　혁안을 통과시키지 않을 경우 어떤 일이 일어날 것인지 설명한 바 있다. "우리는 필요한
　　심사관을 채용하지 못하게 될 것이며, 14만 건 이상의 특허가 향후 5년 동안 허여되지 않
　　을 것입니다. 심사 대기 중인 특허신청 건수는 2008년까지 1백만 건을 돌파할 것이며－이
　　는 현재의 2배 이상임－출원 시부터 따져 보았을 때 향후 수년간 평균 40개월 이상의 심
　　사기간이 소요될 것입니다." H.R. 1561, the "Patent and Trademark Fee Modernization Act of 2003"
　　hearing before the Subcomm. On Courts, the Internet, and Intellectual Property of the House Comm. on the Judiciary,
　　108th Cong. 10(2003)(written testimony of the Honorable James E. Rogan, Director of the PTO).

들이 문젯거리로 등장할 가능성이 높다. 이런 어려움을 타개하기 위한 다양한 개선안들이 제안되었는데, 현재 구체적으로 논의되고 있는 것으로는 청구항이 복잡하고 판단하기가 어려운 것일수록 높은 수수료를 받자는 제안이 있다.[100] 이는 반드시 필요한 개혁 조치이다. 이와 관련한 법안이 제출된 것은 좋은 출발이다.

지금까지 논의한 절차의 개선 외에도 다른 개혁안들이 제안되어 있는데, 특허의 범위를 축소하자는 것이 그중의 하나다. 특히 영업방법 특허(진보성이 없다는 이유로)와 소프트웨어 특허(별 효과도 없이 분쟁만 야기한다는 이유로)는 특허 제도의 지지자와 반대자들 모두로부터 가장 심한 비판을 받아 왔다. 두 가지의 특허가 모두 중요한 문젯거리를 던져 준다.

영업방법 특허와 관련하여 가장 근본적인 개혁은 그 자체를 그냥 폐지해 버리는 것이다. 근본적 폐지를 요구하는 사람들이라고 해서 영업방법 특허 자체가 잘못되었다고 주장하는 것은 아니다. 근본이 잘못되었다기보다는 가치가 없는 발명에 특허를 줄 확률, 즉 실수의 확률이 너무 높아서 폐지 이외의 다른 어떤 대응책으로도 해결이 안 된다는 것이다. 그러나 폐지론자들은 세상에 널리 알려진 분쟁(온라인 쇼핑을 위한 원클릭 쇼핑 같은 것)만을 너무 크게 생각한 나머지 현실세계에서 작동하고 있는 무수한 영업방법들에 대해서는 너무 하찮게 생각하고 있다. 물론 단순한 수학의 알고리즘에 불과한 것을 영업방법이라고 판단해서 특허를 내주어서는 안 된다. 하지만 영업방법을 아예 특허의 대상에서 제외시키는 것은 바람직하지 않다. 현재의 법체제하에서 영업방법 특허에 관한 이미 많은 기대들이 형성되어 있다. 기존의 특허

---

100) United States Patent and Trademark Fee Modernization Act of 2005, H.R. 2791, 109th Cong.(2005) 참조

는 물론이고, 지금 진행되고 있는 연구개발 역시 그 기대에 기초해 있을 것이다. 이러한 상황을 급하게 바꾸는 것은 비용이 너무도 크다.

일반적으로 소프트웨어 특허라고 알려져 있는 컴퓨터 관련 특허에 대해서도 비슷한 문제가 제기되어 왔다. 이 특허들에 대한 논의는 상당히 구체적인 주제를 둘러싸고 이루어지고 있다. 소프트웨어 특허의 실질적 수명은 법으로 허용된 특허 존속 기간보다 훨씬 짧다. 게다가 하나의 특허와 다른 특허 간의 경계를 짓기가 쉽지 않기 때문에 어떤 소프트웨어에 대해서 특허를 부여할 경우 뜻하지 않게 다른 소프트웨어가 해당 특허를 침해한 것이 될 위험도 상존한다. 이 같은 지적은 분명 귀담아들을 만한 것이다. 의약품 특허(대개 정확히 하나의 화학적 실체에 대해서만 주어짐)에 대해서 논란의 여지가 없는 것은 첫째, 각각의 특허들이 큰 가치를 가진데다가, 둘째, 특허들 간의 경계선을 긋고 침해 여부를 판단하는 비용이 훨씬 적기 때문이다. 그러나 그 같은 문제가 있다고 해서 소프트웨어 특허를 폐지하는 것은 바람직하지 않다. 영업방법 특허와 마찬가지로 소프트웨어 특허도 이미 현 체제에 깊숙이 뿌리를 내렸다. 게다가 특허 풀(patent pool)이나 다양한 사용허락 방식을 통해서, 특허들이 개별적으로 시행될 경우에 나타날 수 있는 여러 가지의 문제들이 극복될 수 있다. 원칙만을 따진다면 소프트웨어의 정당성이 그리 크지 않지만, 이미 깊숙이 자리한 기대를 뒤집기는 쉽지 않다. 문제가 있더라도 점진적 개선이 바람직하다. 소프트웨어 특허 제도 자체를 공격하는 것이 이미 늦은 일이다.

특허 제도의 문제를 해결하기 위해 필요한 것은 원칙을 바꾸는 것이 아니라 원활한 작동을 위해 제도를 개혁하는 것이다. 그런 관점에서 보았을 때 특허 제도의 기초 부분에는 지나치게 많은 자원을 배분해 온 반면, 출원된 각각의 발명들을 심사하는 데에는 지나치게 적은 자원을 배분해 왔다. 최근 들어 특허출원 건수가 폭증한다는 사실을 고려하면 더욱 그렇다. 특허 심사제도를 대대적으로 진단하고 추가예산을 많이 투입해야 한다. 그래야 특허심사 제도의 효율성이 추락하는 추세를 반전시킬 수 있을 것이다. 이와 관련하여 PTO 자신이 특허심사 수수료 수입을 특허와 관련이 없는 다른 연방 정부 사업으로 돌리지 못하게 막는 전략적 계획을 제안해 놓은 상태다.[101] 물론 그 제안이 채택된다고 하더라도 어떻게 해야 특허청의 예산이 가장 높은 가치를 가질 특허에 집중 배정되도록 할 수 있을지에 대한 의문은 여전히 남는다. 가장 현실성이 있는 제안으로는 처방 의약품 사용자 수수료 법(PDUFA)과 유사한 제도를 특허에도 도입하는 것이다. FDA는 이 제도를 도입함으로써 규제의 기준을 완화하지 않고도 심의 기간을 크게 줄일 수 있었다.[102] 그러나 현재의 특허 행정 체제는 출원자들이 지불하는 수수료를 모두 정부의 일반재원으로 편입시키고 있다. 다시 말해서 자기가 지불한 수수료가 자기가 출원한 발명의 심사에 쓰이도록 할 방법이 없다는 말이다. 특허 수수료의 증가분이 전부 PTO에 머물러 특허 심사에 쓰이게 하려면 의회가 가져가는 부분을 일정수준(생활 물가와 연동하여)으로 묶어 두어야 한다. PTO와 관련된 개혁이 절실하다. 오늘날 특허 제도에 대한 비판은 특허라고 하는 배타적 권리에 대해서가 아니라 PTO에 의해서 행사되고 있는 배타적 심사권을 향하고 있다.

---

101) U.S. PATENT & TRADEMARK OFFICE, THE 21ST CENTURY STRATEGIC PLAN(updated Feb. 3, 2003). 다음 사이트를 볼 것.
http://www.uspto.gov/web/offices/com/strat21/stratplan03feb2003.pdf(last visited Apr. 4, 2006).

102) 21 U.S.C. § 379g(2005). 프로그램의 구체적 내용에 대해서는 다음의 글을 볼것; Ernst R. Berndt et al., *Industry Funding of the FDA: Effects of PDUFA On Approval Times and Withdrawal Rates*, 4 NATURE REVS. DRUG DISCOVERY 545(2005), *available at*
http://www.nature.com/nrd/journal/v4/n7/full/nrd1774_fs.html

▌비판 4:
특허와 저작권에 의해서 보호되는 권리가 너무 넓다

특허와 저작권에 포함된 권리는 궁극적으로 침해소송에 의해서 보호된다. 침해소송은 세 가지의 이슈를 다루는데, 첫째는 등록된 청구항의 범위에 관한 것이고 둘째는 그 권리를 침해한 행위에 관한 것이며, 셋째는 침해에 대한 구제방식이다.

특허 침해. 청구항의 정의. <u>기초</u>. 모든 특허 침해 소송은 침해의 혐의를 받고 있는 피고가 침해당했다고 주장하는 원고의 특허권 중 어떤 영역을 침해했는지에 관해서 묻는다. 피고가 승소하기 위해서는 두 가지의 중의 하나가 필요하다. 첫째, 원래 원고가 가지고 있던 특허가 처음부터 특허의 요건을 갖추지 못했음을 증명하면 된다. 둘째, 피고의 발명이 원고의 특허에 포함된 권리를 침해하지 않았음을 보이면 된다.

한편 원고는 자신의 특허권이 침해되었음을 증명하기 위해 피고의 발명의 전부 또는 일부가 자신의 청구항의 범주 안에 들어 있음을 보여야 한다. 그 구체적 방법은 '전 요소 검사(all element test)'이다. 피고의 발명이 특허권자인 원고의 모든 청구항을 침해하지 않았다면, 그리하여 피고의 발명이 원고의 권리 영역 안에 완전히 들어와 있지 않다면 침해는 일어나지 않은 것이다. 침해 여부의 결정은 발명 명세서에 쓰인 바를 기초로 이루어진다. 법은 명세서에 대해서 다음과 같이 서술하고 있다.

명세서에는 서면으로 발명에 대한 분명한 설명이 포함되어 있어야 하며, 해당 분야의 기술에 숙달된 사람이라면 누구나 알아볼 수 있

도록 그것의 제작 및 사용법이 분명하고 간략하며 정확한 용어로
서술되어 있어야 한다.[103]

완벽한 청구항이라면 이 같은 요소들을 어떠한 모호함도 없이 서술
해야 하고 그로 인해 어떠한 불확실성도 발생하지 않아야 한다. 그러
나 불행히도 청구항을 작성하는 일은 과학인 동시에 예술이기도 하다.
표준 양식을 채워 넣는다고 되는 일이 아니다. 청구항을 작성하는 일
에는 두 가지의 중요한 요소가 작용한다. 첫째, 기술의 급속한 발전으
로 인해 청구항의 수정이 필요한 경우가 많은데, 자신의 발명이 공지
의 기술보다 진보한 것임을 보이기 위해 기준 시점을 어디로 할 것인
지를 정하기가 어렵다(수정일자를 기준으로 하는 것이 더 유리해 보임
에도 불구하고 현행법에서는 최초의 출원 일자를 기준으로 삼고 있는
듯하다).[104] 둘째, 심사관들은 청구항에 대해서 여러 가지의 의문을 제
기하게 되며, 그것으로 인해 중요한 조항들에 대한 출원포대(file
wrapper; 특허 출원부터 등록 이후까지에 수반되는 모든 정보)가 형성
된다. 원래의 청구항이 중요한 것은 물론이지만 출원 과정 역시 그것
못지않게 중요하다. 일반적 견해에 의하면 특허출원자가 PTO의 반대
로 인해 청구의 범위를 줄였다면 금반언의 원칙에 따라 보정된 새로운
청구항이 보다 범위가 넓은 원래의 청구항과 동일하다는 식의 주장을
펼 수는 없다.[105] 청구항의 내용이 너무나 중요하기 때문에 두 개의 요
소가 모두 없어서는 안 될 핵심적 요소들이다.[106] 숙달된 청구항 작성

---

103) 35 U.S.C. §112 ¶ 1(2000).

104) *See Rambus, Inc v. Infineon Techs. AG*, 318 F.3d 1081(Fed. Cir. 2003), previously discussed in
connection with duties to disclose.

105) *Festo Corp. v. Shokeetsu Kinzoku Kogyo Kabushiki Co.*, 535 U.S. 722(2002).

106) 최근 사례로는 *Phillips v. AWH Corp.*, 415 F.3d 1303(Fed. Cir. 2005) 참조.

자라면 자신이 청구하는 특허의 영역이 어디까지인지를 분명히 알아야 한다. 그 영역은 다른 사람의 특허를 침해하지 않을 정도로 좁아야 하는 동시에 자신의 발명이 충분히 보호받을 수 있을 정도로 충분히 넓기도 해야 한다. 상당한 용기를 필요로 하는 일이다.

균등론과 금반언의 원칙. 청구항 해석에서의 어려움은 청구항에 명시적으로 쓰인 것에만 국한되지 않는다. 어떤 특허의 청구항이 다섯 개로 구성되어 있고 그중 하나가 특정 금속 합금으로 이루어진 기둥에 관한 것이라고 해 보자. 이 명세서를 검토한 피고는 이 특허가 새로운 다른 합금을 재료로 한 기둥이라고 해도 여전히 유효하다는 사실을 금방 깨달을 수 있을 것이다. 청구항을 글자 그대로 해석한다면 그 같은 변화만으로도 특허 침해 소송을 면할 수 있다. 이처럼 핵심 발명을 우회함으로써 특허를 무력화시키는 것을 막기 위해 법원은 균등론(The Doctrine of Equivalents, DOE)이라는 것을 채택했다. 원래의 발명에서 약간만 변형시킨 발명은 여전히 원래의 발명을 침해한 것이 된다는 원칙이다. 그런 발명은 기능적으로 또는 실질적으로 원래의 발명과 동등한 것으로 간주하겠다는 것이다.

균등론이 구체적으로 무엇인지를 규정하기는 매우 힘들다. 특히 출원 과정 및 기록과의 관계를 생각해 보면 더욱 그렇다. 경계선을 원래의 권리에서 너무 멀리 두면 동등성의 원칙은 힘이 없어져서 새로운 경쟁자가 틈새시장을 파고 들어올 것이다. 특허법의 대부분 분야에서 침해는 고의가 있든 없든 위법한 것으로 간주된다. 그러나 동등성의 원칙에 관한 한 침해를 의심받는 발명이 의도적으로 원래의 발명과 비슷하게 만들어진 것인지 아니면 어쩌다가 비슷하게 된 것인지의 여부가 중요해진다. 모방자라고 생각될수록 강한 조사를 받기 마련이다.

최근 대법원에서 균등론에 대해서 다루는 두 개의 사건이 있었다. *Warner–Jenkin Co. v. Hilton Davis Chemical Co.*[107) 사건을 먼저 보자. 힐튼 데이비스는 '극한 필터'를 발명한 특허권자이다. 명세서에는 약산성인 ph 6에서부터 약알칼리인 ph 9 사이에서 작동하는 필터링 과정이 들어 있다. 반면, 힐튼 데이비스의 특허를 침해했다고 의심을 받는 워너 젠 킨스의 필터는 보다 강산성인 ph 5.0 미만의 환경에서도 적합하게 만 들어져 있었다. 힐튼 데이비스 특허에 높은 숫자들이 들어 있었던 것 은 그 전에 이미 특허를 받은 기기가 더 높은 숫자의 영역에 있었기 때문이다. 따라서 균등론을 적용하더라도 공지의 기술과의 충돌을 피 하기 위해 명시적으로 부인된 영역으로까지 보호의 범위가 확장될 수 는 없다. 그러나 경쟁관계에 있는 어떤 특허들도 이 특허가 낮은 숫자 영역에서의 경계선이 확장되는 것을 막을 수는 없었다. 동등성의 원칙 에 의하면 이것은 잘못된 것일 가능성이 높다. 경계선이 분명해야 변 심을 막을 수 있다. 특허에 관한 원래의 판단을 바꾸어야 할 만한 상황 의 변화가 있었던 것도 아니고 새로운 기술이 개발된 것도 아니었다.

5년 뒤 *Festo Corp. v. Shokeetsu Kinzoku Kogyo Kabushiki Co.*[108) 사건에서도 똑같은 문제가 제기되었다. 이 사건에서 원고는 개량된 실린더에 대한 특허를 소유하고 있었다. 수정된 청구항에는 조립 과정에서 불순물이 들어가는 것을 막기 위해 두 개의 봉인된 링을 새로 추가한 것이다. 그 것은 자성을 띤 물질로 만들어진 관에 넣어져 있었다. 반면 피고의 실 린더는 하나의 봉인된 링만을 가지고 있었고, 자성이 없는 관에 넣어 져 있었다. 대법원은 청구항의 수정이 이루어졌다고 해서 동등성의 원

---

107) 520 U.S. 17(1997).

108) 535 U.S. 722(2002).

칙을 적용할 수 없는 것은 아니라고 판결했다. 여기서는 청구항의 수정이 공지의 기술과의 충돌을 피하기 위해 청구의 범위를 줄이기 위함이었는지 아니면 단순히 양식이나 기술의 실수를 고치기 위한 것이었는지가 문제된다. 그리고 설령 청구항의 범위를 줄이기 위한 수정이라 할지라도 출원 과정(prosecution history)이 있다는 사실 자체가 자동적으로 균등론의 적용을 배제하는 것은 아니다. 그럴 경우에도 설명만 충분하다면 균등론은 적용될 수 있다.

일부 사례에서의 부작용을 걱정해, 입법부가 균등론을 폐기하는 것은 옳지 않다. Festo 사건에서, 특허권자는 청구항을 표시함에 있어 '수단＋기능'이라는 원칙을 택했더라면 좋았을 것이다. 이 원칙에 의하면 '구조나 재료 또는 그와 관련된 행위에 대한 자세한 설명 없이도'109) 청구항을 만들 수 있다. 물론 권리가 지나치게 넓어지는 위험은 감수해야 하겠지만, 그러나 일반적인 경우에 있어서 대법원은 출원 과정(prosecution history)과 의도적인 모방 사이의 균형을 취함으로써 특허권자와 잠재적인 침해자 사이에서의 모호함에 따른 위험을 분리하려 하고 있다. 양쪽 모두 다양한 게임을 할 수 있을 것임을 감안할 때 두 방향에서 접근하는 방법은 합당해 보인다.

저작권침해. 저작권 침해에 대한 소송도 특허 침해의 경우와 동일하게 진행된다. 다른 사람이 창작한 노래나 책을 복제하는 등 해적행위

---

109) 형이상학적 취향을 가진 분들은 다음의 전문을 참고할것;
　　　"An element in a claim for a combination may be expressed as a means or step for performing a specified function without the recital of structure, material, or acts in support thereof, and such claim shall be construed to cover the corresponding structure material, or acts described I the specification and the equivalents thereof." 35 U.S.C. § 112, ¶ 6(2000).

들은 글자 그대로의 침해 사건에 해당한다. 이 경우에 법을 어떻게 집행할 것인지의 문제만 남을 뿐 침해 행위가 불법이라는 점에 대해서는 어떠한 다툼도 없다. 그러나 특허법이 균등론을 가지고 있듯이, 저작권법에서도 의도적으로 저작권 침해를 교묘하게 피하면서 실질적으로는 복제인 경우를 다뤄야만 한다. 그러한 역할을 하는 것이 간접 침해의 원칙이다. 이 원칙은 문학작품의 경우 타인의 후속 작품이 원작의 중요한 요소들을 훔쳤는지 아니면 단순히 같은 장르에 속한 것이기 때문에 비슷한 표준적인 요소들을 포함하고 있는지를 묻기 위한 원칙이다. 이 원칙에 입각해 러니드 핸드 판사는 *Nichols v. Universal Pictures Corporation* 재판에서 '코헨과 켈리'라는 영화가 그 전에 이미 대박을 터뜨렸던 '애비의 아일랜드 장미'라는 영화의 저작권을 침해하지 않았다고 판시하였다. 두 영화 모두 유대인과 로마 가톨릭인 젊은이들의 결혼을 다룸으로써 두 종교 간의 갈등을 보여주고 있는데, 그것만으로는 저작권을 침해했다고 볼 수 없다는 판결이었다.[110]

  핸드 판사의 판결은 컴퓨터 프로그램 사이의 저작권 분쟁에 대해서도 적용되었다. 저작권은 문학작품뿐만 아니라 컴퓨터 프로그램도 보호의 대상으로 삼고 있다.[111] 여기서도 단순히 프로그램 코드를 똑같이 복사하지 않았다는 것만으로 저작권 침해를 하지 않았다고 말할 수는 없다.[112] 그렇다고 해서 간접 침해의 범위를 지나치게 넓게 잡다 보면, 최종적으로 보이는 화면이 동일하다는 이유만으로 다른 모든 프로그램 개발 행위를 금지하는 결과를 초래할 수도 있다. 이와 관련한 최

---

110) 45 F.2d 119(2d Cir. 1930).

111) 반대 논리에 대해서는 John Hersey의 주장을 볼 것. National COMMISSION ON NEW TECHNOLOGICAL USES OF COPYRIGHT WORKS(CONTU), *available at* http://digital‒law‒online.info/CONTU/contu14.html(last visited Apr. 4, 2006).

112) *Apple Computer v. Franklin Computer*, 714 F.2d 1240(3d Cir.1983).

초의 재판은 *Whelan Associates, Inc. v. Jaslow Dental Laboratory, Inc*이었다. 여기서는 프로그램의 저작권을 지나치게 넓게 인정했다.[113] 이 재판은 IBM 시리즈 원 컴퓨터(One Computer)를 위한 사무관리 시스템의 개발자가 제기하였다. 여기서 판사는 다른 개발자가 다른 소스코드와 목적코드를 이용해서 유사한 프로그램을 개발해서는 안 된다는 요지의 결정을 한다(소스 코드란 인간이 컴퓨터에 전하는 명령어의 조합으로서 숙달된 프로그래머라면 누구나 해독할 수 있다. 반면 목적코드란 소스코드를 0과 1로 변환한 것으로서 기계만 읽을 뿐 인간은 해독할 수 없다).

이 결정은 결과가 동일한 프로그램이라면 그 방법이 무엇이건 모두 금지하는 것으로서 마치 모르스에게 전신기가 아니라 전자기학 전체에 대한 특허를 주는 것과 같다. 다행히 *Computer Associates International v. Altai, Inc.*[114] 재판에서는 그것과 다른 취지의 판결이 내려졌다. 이 사건에서 알타이사는 IBM 컴퓨터를 위한 작업 스케줄링 프로그램을 개발하고 있었는데 법원은 알타이가 '컴퓨터 어소시에이츠'의 소스 코드를 그대로 베끼지 않는 한 프로그램 개발을 계속해도 된다고 판결했다. 이 판결을 보면 간접 침해의 원칙이 특허법에서의 균등론과 유사하다는 것을 알 수 있을 것이다. 기존의 코드와 완전히 같지는 않다는 이유만으로 저작권을 침해하지 않은 것은 아니다. 그러나 기존의 프로그램을 복제하지 않으면서 독자적으로 개발한 프로그램이라면 그 기능이 유사하다고 해도 저작권을 침해하지 않은 것이다. 다른 지식재산권 분야들에서와 마찬가지로, 저작권에서의 간접 침해나 특허법에서의 균등론의 문제는 산업의 발전과 밀접한 관련을 가진 문제이다. 이에 최초의 창조 행위와 그에 뒤따르는 경쟁 사이에서 적절한 균형이 필요하다.

---

113) 797 F.2d 1222(3d Cir. 1986).

114) 982 F.2d 693(2d Cir. 1992).

■ 비판 5:
손해배상의 원칙이 지나치게 지식재산권 소유자에게 유리하다

특허. 직접 침해한 것이든 또는 균등론에 위배된 것이든, 일단 피고가 원고의 특허를 침해하고 나면 특허권자는 피고의 고의들을 증명할 필요가 없다. 그런 면에서 특허권의 침해는 토지에 대한 불법 침입과 같다. 남의 토지를 침입한 것이 비록 고의에 의한 것이 아니더라도 침입자는 토지소유자로부터 손해배상에 관한 소송을 당할 수 있다. 이러한 원칙을 특허에도 동일하게 적용하는 것은 고의가 없는 침해자에게 이 원칙의 적용을 면제하다 보면 결국 특허 보호의 효과도 사라질 것이기 때문이다. 기술발전의 추세를 감안할 때, 둘 또는 그 이상의 사람들이 거의 동시에 동일한 장치나 공정을 발명할 가능성이 매우 높다. 앞서 설명했듯이 그 때문에 특허의 보호기간은 저작권의 보호기간보다 훨씬 짧다. 만약 의도적이 아닌 침해는 침해가 아니라는 주장이 인정된다면 어떤 침해자이든 자신은 독자적으로 발명을 했다고 주장할 것이며, 특허권자는 그런 사람들과의 분쟁에 쉽게 휘말리게 되기 십상이다. 특허권자로부터 이런 불필요한 부담을 덜어 주기 위해 특허와 관련된 책임의 원칙은 엄격책임이다. 피고의 발명이 원고가 소유한 청구항의 일부 또는 전부를 침해했다면 피고는 원고의 특허를 침해한 것이다. 설령 피고가 타인의 특허권을 침해하지 않기 위해 관련된 특허들을 모두 검색하는 등의 노력을 했음에도 불구하고 여전히 모르고 침해했다는 등의 주장으로 특허권 침해라는 불법행위를 벗어날 수 없다.

저작권. 특허법과는 달리 저작권법은 복제에 대해서만 대항할 수 있는 권리를 부여한다. 저작권법의 표현을 빌리자면 '저작권이 있는 작품을 복제하거나 또는 음반으로 복제하는 행위'는 불법행위인 것이다.[115] 특허에서와는 달리 결과가 같더라도 독자적인 창작의 결과라면 타인의 저작권을 침해한 것이 아니다. 특허법과 이런 차이를 둔 것은, 문학작품의 창작성 때문에 결과까지 베낄 경우가 거의 없기 때문이다. 그러나 컴퓨터 프로그램의 경우는 소스코드가 비슷할 가능성이 높기 때문에 복제의 의심을 받을 가능성이 높다. 따라서 프로그래머들은 자기 프로그램이 독자적임을 보이기 위한 조치들을 마련해 두는 경우가 많다.

영업비밀. 영업비밀법은 독자적인 발명이나 리버스 엔지니어링을 허용하기 때문에 비밀을 원래의 영업비밀 소유자에게서 훔친 때에만 책임이 발생한다. 훔친 영업비밀을 알면서 받은 자에게도 책임은 발생한다. 영업비밀을 훔치는 행위를 막기 위해서는 퇴직한 직원이 경쟁자의 기업으로 이직하는 것을 제한해야 할 필요성 등 복잡한 문제가 생겨나는데 그 문제는 이 연구의 범위를 벗어난다.[116]

---

115) 17 U.S.C.A. § 106(1)(2006).

116) *K-2 Ski Company v. Head Ski Co., Inc.*, 506 F.2d 471(9th Cir. 1974)참조.

■ 비판 6:

지식재산권 소유자의 구제수단이 사회적 최적 수준에 비해 너무 강력하다

특허나 저작권, 영업비밀의 소유자는 침해자들이 더 이상 자신의 권리를 침해하지 못하도록 금지할 수 있다. 이처럼 강력한 재산권적 권리를 부여하는 것은 현행 법제가 누군가가 불법행위를 통해서 실질적으로 지식재산권의 강제사용허락을 받아 내는 것을 혐오하기 때문이다. 법원이 지식재산권 소유자로 하여금 침해자에게 더 이상 침해하지 말라고 금지명령을 못 내리게 한다면, 침해자에게는 일단 타인의 지식재산권을 침해한 후 나중에 돈을 갚아도 된다고 허락하는 격이 된다. 그것은 바로 강제사용허락을 뜻하는 것이다. 지식재산권이 추구하는 것은 그 같은 강제사용허락이 아니라 자발적인 거래이다. 발명이든 작품이든 영업비밀이든 타인의 지식재산권을 원하는 사람은 그 소유자와의 거래를 통해서 구입하라는 것이다. 손해배상이란 침해를 사전에 방지할 수 없었을 때 최후의 방책으로 필요한 수단이다. 손해배상의 목적은 지식재산권 소유자에게 침해를 당한 만큼 보전을 해 주는 것이고, 침해자에게 부담을 줌으로써 웬만하면 침해하지 말고 자발적 거래를 통해서 해당 권리를 확보하게 하려는 것이다.

특허에 대한 구제. 특허법도 '형평의 원리에 따라 특허로 취득한 권리의 침해를 예방하기 위해 법원이 합당하다고 여기는 조건에 따라' 금지명령을 내려 준다.[117] 그뿐 아니라 발생할 수도 있는 침해를 예방

---

117) 35 U.S.C. § 283(2000).

하기 위해 예비적 금지명령을 내리기도 한다. 이런 엄격한 규칙을 통해서 입증의 문제를 단순화하고 재산권의 기초를 탄탄하게 만들려는 것이다. 금지명령을 내렸음에도 침해가 이루어졌다면 어쩔 수 없이 손해배상으로 대응을 해야 하는데 그때 주어지는 배상액은 최소한 합리적인 사용료 이상으로 책정된다.[118] 합리적인 사용료는 네 가지에 의해 결정된다. (1) 특허 물품에 대한 시장의 수요 (2) 침해하지 않은 대체품의 부존재 여부 (3) 시장 수요에 대응할 수 있는 조제 능력 및 마케팅 능력 (4) 침해가 없었을 경우 벌 수 있었던 이윤의 크기.[119] 이런 숫자를 산출하는 일은 어려운 일이어서 재판에 수개월이 걸릴뿐더러 십수 명의 전문가들을 증인으로 불러 모으기도 해야 한다. 왜냐하면 피고는 특허를 침해하지 않는 다른 방법으로 제품을 생산하더라도 시장에서의 경쟁력을 잃지 않을 수 있었음을 보이려고 시도할 것이기 때문이다. 법원이 금지명령을 선호하는 것은 결국 생떼쓰기(flights of fancy)가 될 수밖에 없는 이런 소송을 막기 위함이다. 일반적으로 의도적인 권리침해를 통해서 이익을 취할 수 있게 만드는 것은 매우 현명하지 못하다.

그런데 지금까지의 분석은 특허의 대상이 무엇인가에 따라 달라질 수 있다. 많은 분야들에서 금지명령이 중요한 역할을 하지만 그렇지 않은 분야도 있을 수 있다는 말이다. 의약산업처럼 특허의 숫자도 많지 않은데다가 각 특허의 개별 가치가 막대할 경우는 금지명령이 가장 유용한 법집행의 수단이다. 손해배상 금액을 계산하기도 어려울 뿐 아니라 그것을 받아 낼 수 있을지의 여부도 분명치 않기 때문이다. 그러나 소프트웨어 특허의 경우 그 숫자도 훨씬 많은데다가 가치가 낮고 수명도 짧기 때문에, 비용이 많이 드는 금지명령을 쓰기에는 적합하지

---

118) 35 U.S.C. § 284.

119) *Panduit Corp. v. Stahlin Bros. Fibre Works*, 575 F.2d 1152, 1156(6th Cir. 1978).

않다. 예를 들어 블랙베리 폰의 어느 부품 하나가 다른 기업의 특허권을 침해했음이 밝혀졌을 때 모두 블랙베리 전화기의 사용을 금지하는 것이 합당한 조치라고 생각하는가? 이럴 경우에는 일정 기간 동안 약간의 로열티를 지불하게 하는 것이 합당한 구제수단일 것이다. 금지명령은 피고가 문제의 부품을 문제가 없는 부품으로 교체할 수 있는 시간을 가진 후에 내리는 것이 합당하다. 하지만 언제 어떤 구제수단이 좋은지에 대해서 의회가 미리 법을 만들어 놓는 것은 쉬운 일이 아니다. 유일한 해결책은 형평법원이 여러 가지 상황을 고려해서 금지명령을 발부하는 것이다. 이를테면 금지명령이 중대한 활동에 지장을 줄 때, 법원은 금지명령을 자제할 수 있다.

지금 대법원에서 재판이 진행되고 있는 *MercExchange, L.L.C. v. eBay, Inc.*[120] 사건에는 이런 문제가 다루어지고 있다. 이베이가 머크익스체인지의 고정가격 구입 시스템을 고의적으로 침해하는 경매시스템을 채택했다고 해서 생긴 사건이다. 사건을 맡은 연방순회법원은 금지명령은 예외적인 경우에만 사용해야 한다고 판시했다. 그런데 이 사건에서 문제가 된 영업방법 특허의 경우 이미 의회도 논란의 여지가 있음을 인정한 특허이기 때문에 금지명령을 내릴 만한 분야는 아니다. 게다가 원고인 특허권자가 이 발명을 직접 실시하지 않고 타인에게 라이선스를 줄 계획만을 가지고 있기 때문에 금지명령은 더욱 적합하지 않다고 했다.

지대한 관심을 모은 이 사건에서 논란의 대상이 된 부분만을 떼어서 논의할 필요가 있다. 대법원이 결정해야 할 첫 번째의 문제는 금지명령에 대해서 *Continental Paper Bag Co. v. Eastern Paper Bag Co.* 사건에서 수

---

120) 401 F.3d 1323, 1338(Fed. Cir. 2005), *cert. granted*, 126 S.Ct. 733(2005)(역자 주: 이 사건의 대법원 판결은 2006년에 선고되었다. 126 S.Ct. 1837).

립된 원칙을 지켜야 하는지의 여부였다. 그 원칙이란 금지명령은 다음의 세 가지 맥락 속에서만 내려져야 한다는 것이었다. 첫째, 특허권자가 발명을 직접 실시하는 경우, 둘째, 특허권자가 타인에게 발명을 라이선스하는 경우, 셋째, 특허권자가 해당 발명을 실시하지도 라이선스하지도 않고 대체되는 다른 기술을 사용하는 경우[121] 학계는 이 기본적인 원칙을 강력하게 지지하고 있다.[122] 금지명령을 줄지 안 줄지에 대한 결정은 불가피하게 법원의 재량에 의존할 수밖에 없고(종종 공익이라고 하는 모호한 기준이 동원되기도 하지만), 그렇기 때문에 일부 또는 모든 경우에 있어서 어느 것이 그러는지도 잘 알지도 못하는 상황에서 강제사용허락 제도를 도입하는 것이 된다. 그 같은 불확실성은 소송의 비용을 높일 것이며 많은 사람들로 하여금 일단 타인의 특허를 침해하고 보려는 유혹을 느끼도록 할 것이다. 왜냐하면 소송이 걸리더라도 금지명령은 안 받을 자신이 있을 것이기 때문이다. 금지명령은 특허의 침해를 막기 위한 강력한 수단임이 분명하다. 그러나 그것은 특허권자에게도 위험한 수단일 수 있다. 자신의 특허가 정당하며 상대방이 자신의 특허를 침해한 사실이 분명한 경우에도 그렇다. 특허권자가 침해자의 사업을 완전히 폐쇄하였을 경우 그것은 자신의 수입도 감소시킬 수 있다. 따라서 금지명령은 양날의 칼이다. 최근 블랙베리를 둘러싼 분쟁이 기대했던 것보다 훨씬 적은 금액에 화해로 끝난 것은 그런 이유 때문이다.[123]

---

121) 210 U.S. 405(1908).

122) Brief for 52 Intellectual Property Professors as Amici Curiae Supporting Petitioners, MercExchange, L.L.C. v eBay, Inc., No.05 - 130(Fed. Cir. Mar. 16, 2005), *available at* http://patentlaw.typepad.com/eBay/eBayLemley.pdf, at 5 n.4; Brief for Various Law & Economics Professors as Amici Curiae Supporting Respondent, MercExchange, L.L.C. v eBay, Inc., No.05 - 130(Fed. Cir. Mar. 16, 2005) 지금은 이것이 인터넷에 떠 있지 않은듯하다. 후자의 문서는 필자도 공저자였다.

123) Mark Heinzl & Amol Sharma, *RIM to Pay NTP $612.5Million to Settle Blackberry Patent Suit*,

블랙베리 소송은 소위 특허괴물(patent troll)에 대하여 깊은 우려를 자아냈다. 이 '괴물'이 무엇인지에 대해서는 논란의 여지가 크다. 어떤 경우에는 자신의 특허가 침해되길 숨어서 기다리다가 누군가 걸려들면 갑자기 나타나서 거금을 요구한다. 이런 경우에는 그 사람이 비록 금지명령을 고집하지 않더라도 괴물이라고 불린다.124) 그러나 또 다른 경우에는 자신이 사용하지도 않고 타인에게 사용허락을 내주지도 않은 기술인데도 사용금지를 고집하는 사람을 괴물이라고 부른다. 많은 기업관계자들은 이런 괴물은 고질적 문제이기 때문에 강력한 법적 조치로 대응해야 한다고 생각하고 있다.125)

원론적 차원에서 보면 특허괴물이 정상적인 비즈니스 환경에 악영향을 주지 않는다는 증거는 없다. 그러나 마찬가지로 그들이 초래하는 문제가 과연 얼마나 심각한지에 대해서도 분명한 답이 없다. 첫째, 괴물 짓을 할 때는 막대한 가치를 가지지만 발명의 실시나 사용허락을 통해서 정상적 비즈니스를 하려고 하면 가치가 없어지는 특허를 찾기는 쉽지 않다. 누군가 걸려들기만을 기다리는 괴물들은 언제 걸려들지도 모르는 먹잇감을 기다리느라 귀중한 재산을 낭비하고 있는 것이다. 이런 식의 수동적 괴물 놀이에는 또 다른 위험 요소가 있다. 비록 현행 제도가 금지명령을 선호하는 것이 사실이지만 부당한 발명 실시의 지연이나 금반언의 경우에는 예외로 할 때가 많다. 물론 이런 경우가 그리 많지는 않지만 큰 관심을 끄는 대형 사건에 있어서 괴물의 몫을 줄이는 데에 상당한 역할을 충분히 해낼 수 있는 사항이다.126) 게다가 1

WALL ST. J., Mar. 4, 2006, at A1.

124) Maggie Sheils, *Technology Industry Hits out at "Patent Trolls"*, BBC NEWS, June 2, 2004, http://news.bbc.co.uk/1/hi/business/3722509.stm(last visited Mar. 13, 2006).

125) *e, g., Review & Outlook: Patently Absurd*, WALL ST. J., Mar. 1, 2006, at A14; Bruce Sewell, *Troll Call*, WALL ST. J., Mar. 6, 2006, at A14 참조.

심 법원은 (블랙베리 사건에서 그랬던 것처럼) 금지명령을 내리기까지 시간을 끌 수도 있는데, 그 사이에 침해자는 문제의 기술을 우회하는 방법을 마련할 수 있기 때문에 금지명령의 위력도 떨어질 수 있다. 이런 사항들을 고려해 본다면 괴물과 관련된 문제의 크기가 어느 정도인지에 대해 우리는 아는 것이 별로 없다. 몇몇 대형 사건들에서 주어진 금지명령은 괴물에 대해서가 아니라 마땅히 금지명령이 주어져야 할 상황에서 주어진 것이라 판단할 수 있다. 특허괴물에 대한 논의는 마치 공정거래법에서의 약탈적 가격 책정과 비슷한 느낌을 준다. 누군가가 약탈적 가격책정을 했을 거라는 주장은 많지만 정말 그런지에 대한 증거는 거의 없다.[127]

뿐만 아니라 일단 괴물을 실체적, 법률적 개념으로 인정한다고 하더라도 누구를 괴물로 봐야 하는지가 분명치 않다. 특허의 상업적 이용을 괴물이 아니기 위한 조건으로 삼는다면 대부분의 잠재적 괴물들은 소송을 제기할 수 있을 정도의 최소 수준에서 상업화를 실시할 것이다. 다른 방식의 검증방법을 도입할 수도 있겠지만 오히려 정당한 특허들이 괴물로 오인되는 결과를 가져올 수도 있다. 물론 특허 중에는 좋은 것도 있고 나쁜 것도 있는 것이 사실이다. 그러나 그렇다고 해서 금지명령의 사용을 억제할 경우 가치 없는 특허의 악용만이 억제되는 것이 아니라 가치가 큰 특허에 대해 강제사용허락의 문을 열어 주는 효과도 있는 것이다.

흥미롭게도 *e—Bay v. MercExchange* 사건에서 이베이는 특허괴물의 문

---

126) *Odetics, Inc. v. Storage Tech. Corp.*, 185 F.3d 1259, 1272(Fed. Cir. 1999)(laches); *Wang Labs. v. Mitsubishi Elecs. America, Inc.*, 103 F.3d 1571(Fed. Cir. 1997)(estoppel).

127) 대법원의 회의적 견해에 대해서는 다음 참조; *Matsushita Elec. Indus. Co. v. Zenith Radio Corp.*, 475 U.S. 574(1986), *Brooke Group Ltd. v. Brown & Williamson Tobacco Corp.*, 509 U.S. 209(1993).

제를 들고 나오지 않았다. 그러나 자동적인 금지명령에 예외가 되는 새로운 조치를 시도했다. 이 사건은 영업방법 특허에 관한 것이었고 재판과정은 아주 치열했다. 원고는 예비적 금지청구를 구하지 않았다. 이 사건에 있어서는 당연히 금지명령이 주어지는 것이 옳았다는 생각이다. 그리고 특허괴물이라는 더 큰 이슈는 더 완전한 기록을 기초로 다루는 것이 좋겠다.

저작권에 대한 구제. 저작권법도 금지명령을 우선한다는 원칙 위에서 있다. 특히 문학작품들의 경우에는 그렇다. 하지만 금지명령만이 아니라 '실제의 손해'에 대한 배상도 인정하고 있다. 실제의 손해란 두 가지의 금액의 합으로 구성되는데 첫 번째가 원고가 입은 모든 손해를 뜻한다면 또 다른 한 가지 요소는 피고가 저작권을 침해해서 얻은 추가적 이득이다. 특허법에서와 같이 합리적 기준에 근거한 로열티 계산법은 저작권법에는 해당이 없다. 첫 번째 요소의 손해배상액은 저작권 침해가 없었을 경우 원고가 벌 수 있었던 이윤을 모두 회수할 수 있게 하여 손해가 없도록 만들어 주기 위함이다. 두 번째의 요소는 원고가 피고의 이윤을 모두 취함으로써 불법행위를 한 자가 불법행위를 통해서 어떤 이득도 얻지 못하게 하려는 목적에서 만들어졌다.

실제의 손해를 계산하는 일이 복잡하기 때문에 법은 저작권자로 하여금 법이 정한 간편한 손해배상액 산정 금액을 선택할 수 있게 길을 터놓았다.[128] 통상적인 침해의 경우 한 건당 법정손해배상액은 최소 750달러에서부터 최대 3만 달러에 이르는데, 컴퓨터 코드 몇 줄의 침해에 대한 배상으로는 충분한 금액이다. 저작권 침해가 고의로 이루어

---

128) 17 U.S.C.A. § 504(c)(2006).

진 경우 법정 배상액 상한은 15만 달러로 올라간다. 이렇게 높은 금액을 책정해 놓은 것은 사람들이 저작권법을 무시하고 불법복제를 엄두도 내지 못하게 하기 위함이다.

마지막으로, 금지명령과 손해배상 제도가 있음에도 불구하고 불법복제를 막지 못하는 것은 복제가 너무 쉽기 때문이다. 이 문제를 해결하기 위해 1998년의 DMCA[129]는 저작권이 있는 자료의 암호를 깨거나, 그러기 위한 우회 장비를 거래하는 것을 불법으로 규정하였다. 이 법에 따르면 DeCCS는 불법으로 간주된다. 이 장비는 DVD의 불법복제를 막기 위한 Content Scrambling System을 무력화시킨다. 두 번의 중요한 사건에서 법원은 DeCCS 프로그램의 출시는 헌법이 보장하는 언론자유에 속한다는 피고 측의 주장을 거의 인정하지 않았다. DeCCS 프로그램은 저작권법의 해악을 비판하는 정치적 출판물도 아니며 반전을 주장하는 문서는 더욱 아니다.[130] 이 프로그램의 목적은 타인이 저작권을 가지고 있는 저작물에 불법적으로 접근해서 정보를 이전받는 데에 있다.[131] 타인의 재산에 대한 침해가 워낙 크기 때문에 언론자유에 대한 고려는 거의 의미가 없다. 개인들이 불법적인 프로그램을 이용해서 콘텐츠 복제방지장치를 제거하는 것을 적발해 내기는 쉽지 않은 일이다. 그런 불법행위를 막는 가장 효과적인 방법은 그런 용도의 프로그램을 판매하는 자를 적발하고 처벌하는 것이다. 그들이 주장하는 식으로 언론의 자유를 넓게 인정한다면 어떤 영업비밀이라도 남아나지 않을 것이다.

그러나 DMCA가 저작권보다 더 차원 높은 보호 효과를 제공하는 것

---

129) The Digital Millennium Copyright Act of 1998(DMCA), Pub. L. No.105-304, 112 Stat. 2860(1998).

130) *Universal City Studies Inc. v. Corley*, 273 F.3d 429(2d Cir. 2001).

131) *The New York Times Co. v. United States*, 403 U.S. 713(1971).

은 아니다. 차고 개폐시스템인 GDO의 생산자가 자사의 리모컨뿐만 아니라 타사의 리모컨에 의해서도 작동하는 개폐기를 판매한 사건이 있었다.[132] 법원은 이 경우 DMCA가 적용되지 않는다고 판시했다. 왜냐하면 개폐기의 소유자는 자기 소유의 기계에 어떠한 리모컨을 선택해 쓸 자유가 있기 때문이다. 따라서 부품 시장에서 리모컨을 파는 일 자체는 불법이 아니다. 그러나 만약 처음에 판매 계약을 할 때 해당 판매자가 생산한 리모컨만 사용해야 한다는 내용이 포함되어 있었다면 법원의 판단은 달랐을 것이다. 이처럼 계약과 저작권을 동시에 이용해서 저작권을 보호받은 사례들이 실제로 있다. *Davidson Associates v. Young*[133] 에서 원고는 멀티플레이어 인터렉티브 워게임을 판매할 때 구매자가 리버스 엔지니어링을 통해 플레이어 네트워크에 불법 접근해서는 안 된다는 조건을 붙였다. 이런 조항은 계약의 자유에 속하기 때문에 정당한 계약으로 간주되었으며, 리버스 엔지니어링으로 불법접근을 한 사람들은 DMCA의 불법거래 방지 조항에 의해 처리되었다. 이 게임이 상업적으로 존재할 수 있으려면 이처럼 계약과 법의 이중장치에 의해서 보호받아야 한다. 네트워크에 불법적인 접근을 시도하는 리버스 엔지니어링은 네트워크 게임 운영에 치명적인 위협이다. 게임 시장은 매우 경쟁적이기 때문에 그런 행위를 처벌하더라도 독점이 형성되는 등의 문제는 걱정할 필요가 없다.

영업비밀. 영업비밀의 침해에 대한 구제수단은 특허와 저작권의 침해에 대한 것과 크게 다르지 않다. 비밀의 공개로 인한 손해액 계산의 어려움을 피하기 위해 (예비적 또는 최종적) 침해금지명령이 주된 구

---

132) *Chamberlain Group, Inc. v. Skylink Techs., Inc.*, 381 F.3d 1178(Fed. Cir. 2004).

133) 422 F.3d 630(8th Cir. 2005).

제수단으로 이용된다. 그러나 영업비밀 침해에 대한 금지명령은 그 기간이 한정되어 있다. 특허와 저작권의 경우 금지명령은 하루이든 또는 영원이든 간에 해당 지식재산의 효력이 지속되는 한 계속된다. 영업비밀에는 정해진 보호기간이 없다. 누군가가 독자적으로 같은 것을 발견하거나 또는 리버스 엔지니어링으로 그 비밀을 밝혀내야 비로소 비밀의 효력이 다하게 된다. 이론적으로 보면 금지명령으로 인해 영업비밀의 수명이 연장되는 것이 아니다. 금지명령의 수명은 이들 두 가지의 사건이 일어날 때까지라고 보면 된다.

대부분의 경우 영업비밀을 훔치는 자는 경쟁자인데, 훔친 그 사람도 그 영업비밀을 다른 사람에게 비밀로 유지하고 싶어 한다. 그래야 그것으로 돈을 벌 수 있기 때문이다. 그러나 때로는 대중에게 공개해서 원래 비밀 소유자를 해치거나 또는 신뢰를 떨어뜨리게 하려는 목적으로 영업비밀을 훔치는 경우도 있다. 정치적 색채가 강한 경우들이다. 이 같은 경우가 불공정경쟁법 리스테이트먼트에는 나와 있지 않다. 그러나 이런 경우들은 재산권적 관점에서 보는 지식재산권법과 모든 금지명령을 언론자유에 반하는 위헌적 조치로 보려는 전통 사이의 뿌리 깊은 갈등을 보여준다.

그런 사정은 저작권법의 경우도 비슷하다. 정치적인 사안에 있어서는 수정헌법 제1조의 언론의 자유가 중요하지만, 기술적인 노하우나 비즈니스 사업계획에 관한 영업비밀이라면 언론의 자유를 따져야 할 이유가 별로 없다.

영업비밀의 원래 소유자가 영업비밀을 훔친 자의 비밀 공개를 금지할 수 있다는 논리는 훔친 영업비밀인지 알고 그 비밀을 취득한 제3의 인물에게도 적용된다. 다른 모든 경우에서와 마찬가지로, 이 경우도 부동산 및 개인적 재산과 비유될 수 있다. 소유권이 제삼자에게 있음을

알면서 주택이나 자동차를 취득한 사람은 원래의 소유자에게 반환해
야 한다. 물론 정보는 돌려줄 방법이 없다. 앞으로 그 정보를 사용하지
못하게 막고, 과거에 불법적으로 사용한 것에 대한 손해배상을 하게
하는 것이 영업비밀을 원래의 소유자에게 돌려주는 것과 같은 효과를
가진다.

▌비판 7:

특허와 저작권과 영업비밀에 주어진 배타적 권리는 지나치게 절대적이다

오늘날 법은 지식재산권을 침해한 피고인들에게 몇 가지 변론의 여지를 허용하고 있다. 법적 책임을 결정하기 위한 유일한 리트머스 시험지는 없다. 피고가 할 수 있는 일은 남의 토지를 침해했을 때 그것이 불가피했음을 보여야 하듯이 타인의 지식재산권을 침해한 것에 대해서도 그것이 불가피했음을 보이는 것이다. 지식재산권의 이전을 정당화하는 요인으로는 다음의 두 가지가 있다. 첫 번째는 라이선스 취득이나 구매를 하는 형태로 재산권자의 동의를 얻는 방법이다. 두 번째는 동의를 받지 않고도 타인의 지식재산권을 사용할 수 있는 경우인데, 특허법에서 허용되는 실험적 이용과 저작권에서 허용되는 공정 이용의 경우이다.

동의. *판매.* 지식재산권 분야에서의 동의도 다른 분야에서와 똑같은 역할을 한다. 타인을 배제할 수 있는 권리는 동의하에 타인을 받아들일 수 있는 권리를 수반한다. 그 대가를 받고 안 받고는 소유자의 재량에 달려 있다. 자동차를 거래하는 경우와 마찬가지로 자발적으로 지식재산권을 거래할 때도 거래 쌍방이 모두 이익을 본다. 물론 라이선스 계약에 의한 거래는 단순한 매매거래에 비해서 계약의 형태가 매우 복잡하다. 특허의 소유자가 타인에게 자기 특허를 매각했더라도 특허에 들어 있는 노하우는 여전히 본래 소유자의 머릿속에 남아 있다. 따라서 거래가 원활히 되려면 특허의 구입자로부터 다시 사용허가를 받지 않는 한 다시는 원래의 발명을 실시하지 않겠다는 내용에 동의를 해야한다. 부동산을 매매하거나 임대할 때와 똑같이 생각하면 된다. 사업을 양도할 때 영업비밀이 그 사업의 일부로 포함되어 있는 경우도 비슷한 문제가 관련되어 있다. 영업비밀을 매각했다고 해서 원래의 영업비밀 소유자가 그 비밀을 망각하는 것이 아니기 때문이다. 이런 문제를 해결하기 위한 수단으로 원래의 소유자는 그 비밀이 담겨 있던 모든 기록들을 파괴하거나 봉인해야 하며, 매각 이후에 더 이상 그 비밀을 사용하지 말 것이 요구된다.

사용허락: 라이선스 사업 자체를 넘기는 것이 아닐 경우 사용허락제, 즉 라이선스가 지식재산권의 가장 일반적인 계약 방식이다. 라이선스 중에는 일정 기간 동안 특정 상대와 배타적으로 계약하는 경우도 있지만 대부분의 경우 라이선스는 배타적이 아니다. 즉 한 사람과 라이선스 계약을 맺었더라도 다른 사람과 똑같은 내용의 계약을 동시에 할 수 있다. 물론 복수의 사용자들 사이에서 발생할 수 있는 이해의 충돌을 늘 염두에 두어야겠지만 말이다. 이런 라이선스 계약들은 (다른 사람 소유의 해변에 앉아 쉴 수 있는 권리처럼) 단순한 사용계약에만 그치는 것이 아니다. 다양한 형태의 협조 계약, 중간급 계약, 재임대 금지 등의 다양한 방식이 존재한다(강제사용허락 제도를 택한다면 이런 모든 형태의 계약들은 무용지물이 된다). 계약의 방식은 제각각이지만, 정말 중요한 것은 모든 자발적 라이선스 계약은 거래 쌍방 모두에게 이롭다는 것이며, 그런 것이 허용될수록 앞으로 지식재산권을 창출하려는 동기도 커진다.

특허. *보통법상의 실험적인 용도* 지식재산권의 침해가 정당화될 수 있는 또 다른 경우는 매우 지엽적인 성격을 가진다. 지식재산권의 침해를 허용하는 것이 장기적으로 보면 사회 전체에 이득이 되는 경우를 말한다. 그런 것 중의 하나가 실험적인 용도, 다시 말해서 이윤 목적이 아닌 활동이다. 이런 원칙이 시작된 것은 1813년 당시 대법원 판사였던 스토리(Story) 판사의 판결에서부터다. 그의 표현을 빌리자면 "단순히 철학적 실험을 위해서이거나 또는 해당 기계가 원래 의도했던 결과를 만들어 낼 수 있는지를 확인할 목적으로 기계를 제작한 사람을 처벌하는 것은 이 법의 목적과는 거리가 멀다."[134]

경제적인 면을 보더라도 피고가 실험적 용도의 기계를 만들어 지식재산권을 침해했다고 하더라도 그것을 경쟁관계에 있는 영업에 사용하지 않는 한 원래의 발명자가 손해를 볼 이유도 없다. 그러나 침해자가 특허소유자와 경쟁에 나선다면 사정은 달라진다. 연구자들도 비용을 지불해야 한다. 전기요금도 내고 수도요금도 지불해야 한다. 왜 다른 사람의 발명을 사용하는 것에 대해서는 비용을 지불하지 않아도 된다고 생각하는가? 특허를 실험적 용도로 사용할 수 있게 해 주는 라이선스 계약은 얼마든지 만들어 낼 수 있다.

대학이나 비영리 자선단체들에서는 스토리 판사의 논리에 따라 타인 소유의 특허를 이용한 연구개발을 광범위하게 진행하고 있다. 물론 그런 단체들의 연구개발에 보조금을 주는 것은 얼마든지 정당성이 있고 환영할 만한 일이다. 하지만 거기에 필요한 재원은 특허권에의 무임승차를 통해서가 아니라 정부의 공공자금이나 민간의 자선기금으로부터 조달할 문제다. 다행히도 오늘날의 법원은 이런 목적을 위한 지식재산권 침해를 아주 예외적으로만 인정한다. 순수한 호기심 또는 철

---

134) *Whittemore v. Cutter*, 29 F. Case. 1120, 1121(C.C.D. Mass. 1813).

저히 철학적인 탐구목적일 때만 특허의 침해를 인정하고 있다. 그러나 조금이라도 상업적 이익을 위한 것이라는 기미가 보인다면 언제든지 침해는 부당한 행위로 간주된다.[135] 비영리단체라고 해서 특허권에 무임승차할 권리는 없다.

그러나 유전자 연구나 환자의 치료와 같은 경우에는 실험적 용도에 대한 예외가 인정되어야 하는 것 아닐까. 이런 문제가 유방암 치유를 위한 BRCA 유전자와 관련해서 이미 이런 일이 벌어지고 있다. 두말할 필요도 없이 BRCA 유전자에 대한 접근권은 특허권자에게만 있다. 이 유전자의 용도는 아드레날린이나 여타의 인체화합물 등 특허를 받아 팔리고 있는 물질들보다 훨씬 광범위하다. 미국과 유럽 모두에 있어서 BRCA 유전자에 특허권을 주는 것에 반대하는 것은 이상할 일이 아니다.[136]

BRCA 특허에 반대하는 사람들은 미리어드 코포레이션(Myriad Corporation)의 이 유전자 분리 방법이 신규성 요건과 진보성 요건을 충족하지 못한다고 주장한다. 그러나 그 같은 주장의 근거는 약해 보이며, 만약 이 특허에 문제가 있음을 인정한다면 다른 모든 유전자 특허가 똑같은 문제를 안고 있지는 않는지를 살펴보아야 할지 모른다. BRCA 특허에 대한 반대자들은 그 목적이 비상업용 연구목적일 경우 유전적 정보를 무료로 사용할 수 있게 특허권의 예외를 두어야 한다고 주장한다. 또 유전자 진단이나 의학적 또는 외과적 절차의 예측적 진단을 위해서는 유전자 배열에서 추출된 정보의 사용을 허용해야 한다는 주장도 편다.[137]

이 같은 주장은 모든 의학적 특허들이 공공의 자금을 이용해서 만들

---

135) *Madey v. Duke University*, 307 F.3d 1351, 1362(Fed. Cir. 2002).

136) 이 주장의 요약을 보려면 Paradise, *supra* note 54 참조.

137) Genomic Research and Diagnostic Accessibility Act of 2002, H.R. 3967, 107th Cong(2002).

어진 것이라는 주장에 근거하고 있는데 우리는 그런 주장이 정당하지 않다고 생각한다. 그런 식으로 말하자면 모든 생물의학적 특허들이 존재할 수 없다. 보편적 의료 서비스라는 목표를 달성하기 위해 특허법을 무력화시키려는 것과 다름없는 주장이다. 그것은 보건 의료체제의 성격에 관한 논쟁일 뿐 특허법의 속성과는 무관한 문제다. 그러나 이 주장의 후반부, 즉 진단과 관련된 부분은 어느 정도 근거를 인정할 여지가 있다. 분리되고 정제된 물질에 대해서까지 특허를 인정하는 현재의 규칙은 자연물질을 특허의 대상에서 제외하는 일반규칙을 억지로 끌어다 붙인 느낌을 준다. 분리되고 정제된 물질이 치료목적이거나 연구목적으로 판매될 경우에 한해서만 특허의 대상으로 삼는다는 러니드 핸드 판사의 규칙이 설득력이 있다. 그러나 의사가 BRCA 유전자를 이용해서 검사를 하는 것까지 금지하는 것은 아드레날린 사건에서 형성된 규칙과는 너무 동떨어져 있다. 따라서 BRCA 특허는 그대로 둔다고 하더라도 앞으로 나타날 이와 비슷한 예외적인 경우에 있어서는, 자연물질에 대해서 특허를 주지 않는다는 원래의 규칙으로 돌아가는 것이 합리적인 것으로 보인다. 검사방법은 어떤 것이든 특허의 대상이 되어야 하겠지만, 유전자의 위치 자체가 특허를 받아서는 안 된다. 물론 두 가지의 차이를 갈라놓는 일은 양쪽 모두로부터 공격을 받을 수 있다. 하지만 그런 것이 바로 특허법의 일반적인 속성이다. 한편으로는 지식재산권 보호를 통해 발견의 인센티브를 높여야 하면서도 또 다른 한편으로는 그 지식이 널리 사용되도록 한다는 상반된 두 가지의 목표 사이에서 절묘한 균형을 유지해야 하는 것이다.

현실의 특허법은 그런 기본 원칙에서 크게 벗어나 있지 않다. 대부분의 특허권자들은 다른 사람들이 자신의 특허를 이용해서 연구활동을 하더라도 자신들의 상업적 이익이 줄어들지 않는 한 반대하지 않는다.

어떤 합성물질에 대해서 특허가 주어졌다고 하더라도 다른 누군가가
그것을 이용해서 기초 연구를 할 경우 특허를 주장하지 못한다는 유럽
의 특허법은 그런 정신을 담고 있다. 미국에서도 실질적으로는 유럽에
서와 같은 일들이 일어나고 있는데, 자기가 특허를 받은 물질을 이용
한 연구와 검사가 많이 이루어질수록 그 물질을 이용해서 상업적 이익
을 취할 수 있는 기회도 늘어나기 때문이다. 또 다른 경우들에 있어서
는 자기의 특허가 연구용도로 사용되는 일에 그저 눈을 감고 있는 경
우도 많다. BRCA 특허와 같은 것에 문제가 있기는 하지만 그것을 교정
하기 위해 새로운 법을 만든다고 하더라도 유전자 연구의 기본적인 구
조를 바꿀 수는 없을 것이다.

실정법에 규정된 실험적 용도. 제약산업에서는 보통법상의 실험적
용도를 특허의 예외로 두는 규칙이 적용되지 않는다. 이는 새로운 의
약품 개발이 가진 두 가지 특징 때문이다. 첫째는 특허권을 받아야 하
고 둘째는 FDA의 승인을 받아 내야 한다. 어떤 약품이 특허의 단계에
서 복제약품의 단계로 용이하게 이행할 수 있게 하기 위해 해치 – 왝스
만 법138)은 모든 제조업자들이 해당 약품의 특허가 만료되기 이전에
복제약품의 제조를 준비할 수 있게 허용한다. 이는 특허물질을 영리목
적의 연구개발에 사용할 수 있게 예외를 허용하는 것으로서 특허물질
에 대한 실질적 독점력이 특허기간이 종료된 후에도 지속되는 것을 방
지하기 위함이다.

법은 이와 관해서 좀 더 구체적으로 규정하고 있는데 그 내용을 살
펴보면 다음과 같다. "개발 또는 약품의 제조 사용 또는 판매와 관련된

---

138) Pub. L. No.98 – 417, 98 Stat. 1585(1984).

연방법의 요구에 따라 정보를 제출하는 것만을 목적으로 미국 안에서 특허발명을 만들거나 이용하거나 매각을 제안하거나 또는 매각하는 일 또는 그런 발명을 미국으로 수입하는 일은 특허권을 침해하는 것이 아니다." 정보의 제출처에는 물론 FDA도 포함된다.[139] 이 같은 규정은 위에서 언급하는 특정한 산업에만 해당되는 것이 아니다. 그것과 직접 관련되지 않은 약을 만들어 FDA의 승인을 받기 위함이라면 어떤 연구라 할지라도 특허권을 침해하는 것이 아니다.

Merck KgaA v. Integra lifesciences I Ltd.[140] 사건에서 대법원은 이 조항을 광범위하게 해석하여 특허를 받은 약품을 제네릭 제품으로 만들기 위한 검사에만 예외를 인정한 연방순회법원의 판결을 파기하였다. 그렇게 판결한 이유가 무엇이었을까? 대법원의 이런 식의 법해석은 1813년의 스토리 판사의 결정에 내재된 긴장을 제대로 고려하지 않은 채, 모든 연구개발 도구에 대해 인정되어 오던 특허권을 뒤집어엎는 것이 될 수도 있다. 기업이 연구개발을 할 때 다른 모든 투입요소에 대해서는 제값을 치르고 구입하는데 왜 다른 사람의 특허권만은 공짜로 가져다 쓰는 것을 당연하게 여기는가.

특허권에 대한 배타적 보호의 정도를 낮출수록 신약의 개발을 더욱 촉진할 수 있다는 대법원의 생각은 잘못되었다. 그런 생각은 문제의 한 면만을 고려한 것이다. 특허사용자의 권리를 확대할수록 특허를 받기 위해 개발하는 사람들의 의욕은 떨어진다. 연구개발은 양쪽 모두의 노력을 필요로 한다. 특허에 대한 보호를 약화시킬수록 특허를 받기 위한 노력은 줄어들고, 발명의 공급도 줄어든다. 가만히 두어도 상업적

---

139) 35 U.S.C.A. § 271(e)(1)(2006).

140) 125 S. Ct. 2372(2005).

라이선스 방식에 의해서 연구개발이 잘 이루어져 왔는데 왜 그런 위험을 감수하려고 하는가? 이제 의회가 나서서 *Merck KgaA*에서의 판결을 파기하고 실험적 용도라면 남의 특허를 공짜로 이용할 수 있게 하는 상태에서 원래의 상태로 되돌려야 한다.

저작권에서의 공정 이용. ***구글 도서관 프로젝트.*** 지식재산권의 침해에 대한 두 번째의 법적 예외는 저작권의 공정 이용이다. 이 제도는 원래부터 저작물 대상의 제도로 출발했는데, 비평가들로 하여금 비평 대상이 되는 작품의 일부를 인용할 수 있게 해 준다. 물론 아무리 비평이라고 하더라도 원작자와 경쟁관계에 설 목적의 인용을 해서는 안 된다.[141] 여기서는 최근 구글이 벌이고 있는 투쟁에 대해서 살펴보려고 한다. 구글은 세상에 존재하는 모든 저작물의 사본을 자신의 데이터베이스에 저장해서 일반인들이 접근할 수 있게 하려고 하고 있다. 물론 자신의 저작물이 구글의 데이터베이스에 속하길 원하지 않는다고 밝힐 경우 그 저작물은 제외시키겠지만 그런 구체적 의사표시가 없는 것은 모두 데이터베이스에 올리겠다는 것이다. 구글은 자신들의 그런 행동을 공정 이용의 논리로 정당화하고 있다. 구글의 그런 계획은 출판사들로부터 엄청난 반발을 불러왔고 결국 출판업계는 구글을 제소했다. 데이터베이스에 올리기 전에 먼저 출판사의 허락을 받으라는 것이다.[142]

이런 갈등은 어딘가 어색한 면이 있다. 그런 데이터베이스가 만들어진다면 구글은 물론이고 출판사도 큰 이익을 볼 가능성이 높기 때문이다.

---

141) *Harper & Row Publishers v. National Enterprises*, 471 U.S. 539(1985)(제럴드포드의 자서전을 확대출판하는 것에 대해 공정이용의 권리를 부인함)

142) Jason Boog, *Can Authors Guild Halt Google's Book Drive?*, EWEEK, Oct. 3, 2005 (저작자조합이 구글을 상대로 제기한 집단소송의 설명)
http://www.eweek.com/article2/0,1895,1866710,00.asp.

그렇기 때문에 사실 문제는 누가 얼마만큼의 이익을 가져갈 것인지에 있다. 출판사들은 이 세상의 그 누구도, 구글이라고 하더라도 저작권자가 반대하지 않았다고 해서 그 사본을 데이터베이스에 올릴 권리는 없다고 주장한다. 만약 구글이 그렇게 할 수 있다면 세상 모든 사람들이 그렇게 할 수 있는 것 아닌가? 반면 구글은 구글 데이터베이스의 목록에 들어간 책은 당연히 판매가 늘어날 것이라고 주장한다. 하지만 야후 같은 사업자들은 같은 종류의 사업을 정식으로 라이선스를 받아서 할 용의가 있다고 밝히고 있는 상황에서 구글의 공정 이용 논리는 설득력을 잃는다. 그런 시장이 얼마든지 형성될 수 있기 때문이다.

대상 저작물의 가치와 무관하게 모든 저작물에 대해서 적용되는 공정 이용의 법리는 이러한 상황에서의 제대로 된 해법이 될 수 없다. 그것보다는 묵시적 동의(implicit consent)에 기초한 규칙이 더 낫다. 저작권자가 옵트-인(opt-in)과 옵트-아웃(opt-out) 중 선택할 수 있게 하는 것이다. 구글 사건에서라면 출판업자에게 자기가 저작권을 가진 모든 저작물에 대해서, 또는 지난 50년 동안 출판한 모든 저작물에 대해서 사용을 허락한다는 식의 사용허락을 할 수 있게 하는 방식이다. 출판업자들은 자신의 웹사이트에다가 모든 잠재적 사용자에게 그와 같은 정책을 공표할 수 있을 것이다. 이런 전략이 자리를 잡을 경우 저작권을 둘러싼 소송은 자취를 감출 것이며, 앞으로 벌어지는 모든 경우에 있어서도 저작권이라는 지식재산권 제도의 의미가 분명해질 것이다. 출간된 지 너무 오래되어서 가치가 거의 나가지 않는 책의 저작권자는 그 권리를 행사하지 않음으로써 다른 누군가가 자유로이 그것을 이용하게 해서 시장을 넓히길 원할 것이다. 이렇게 될 경우 시장은 사실상 두 부류로 나뉠 것이다. 그것의 가치가 권리를 재배분하기 위한 거래비용을 초과하는 저작물의 경우 옵트-인(opt-in) 규칙이 주로 이용될 것이다. 그러나 저작물의 가치보다 거래비용이 더 높다면 저작권자는 옵트 – 아웃(opt – out)을 택할 것이다. 물론 웹에서는 사람들이 자기가 올린 것들을 타인들도 볼 수 있게 허용하기 때문에 opt – out을 선택하고 있으며 그것 때문에 구글이라는 사업의 형태가 생존할 수 있다.

구글이 벌이고 있는 사업이 어려워지는 더 큰 원인은 질서 정연한 저작권 등록 제도가 없기 때문이다. 그런 제도가 있었다면 모든 저작물들에 대해서 누가 저자이고 출판자인지, 누가 어떤 권리를 가지고 있는지를 분명히 알 수 있을 것이다. 누가 주인인지 모르는 '고아 저작물'의 저작권자를 찾는 일 때문에 지연되는 시간이 막대하다. 최근 저작권청이 발행한 '고아 저작물 보고서'가 제안하고 있듯이 이것은 시급히 해결되어야 할 과제이다. 그러나 이용자가 '합당하고 근면한 조사 노력(reasonable diligent search)'[143]을 했음에도 불구하고 저작권자를 찾지 못할 경우 저작권자는 더 이상 저작권의 보호를 받을 수 없게 하자는 이 보고서의 제안은 그리 바람직해 보이지 않는다. 저작권 등록 제도를 두자는 것은 단순성과 명료성을 위한 것인데, 무엇이 합당하고 근면한 것인지를 따지다 보면 오히려 걷잡을 수 없는 복잡함만 불러올 것이다.

컴퓨터 프로그램. 컴퓨터 프로그램에 대한 저작권 보호는 프로그램을 그대로 복제하지 못하게 하는 수준에서 이루어지고 있는데, 여기서도 공정 이용과 관련된 문제가 발생한다. 그 문제를 이해하기 위해서는 토지의 소유자의 경우를 먼저 이해하는 것이 도움이 된다. 토지 소유자에게는 원칙적으로 허락 없이 자신의 토지를 침해한 사람을 내보

---

143) Jason Boog, *Can Authors Guild Halt Google's Book Drive?*, EWEEK, Oct. 3, 2005
http://www.eweek.com/article2/0,1895,1866710,00.asp.

낼 권리가 있다. 그러나 만약 그 침해의 목적이 생명을 위협받을 정도의 긴급한 위험을 피하기 위함이라면 허락 없이 들어온 침해자를 인정해야 한다. 컴퓨터 프로그램에서도 이와 비슷한 일이 일어날 수 있다. 한 프로그램의 저작권을 보호하다 보면 경쟁자가 공공의 영역에 놓인 자료를 이용할 수 없게 되는 상황이 그런 것이다. 예를 들어 *Sega Enterprise Ltd. v. Accolade* 사건144)에서 아콜레이드는 자신들이 만든 게임이 세가 게임기에서 작동하길 원했다. 세가의 허락을 받지 않은 채 그렇게 하기 위해서는 세가 프로그램에 어떤 공공영역의 정보가 들어 있는지를 알아야 하는데, 아콜레이드는 세가 프로그램의 기계어를 일부 복원해서 그것을 알아냈다. 법원은 아콜레이드의 이런 행위를 긴급피난과 비슷한 것으로 보아서 세가의 제네시스 게임기에 든 프로그램의 일부를 복제하는 행위를 허용했다. 저작권법이 프로그램에 대한 이런 식의 접근을 허용하고 있기는 하지만, 이 문제는 이미 앞서 소개했던 리버스 엔지니어링과 비슷한 방식으로 해결하는 것이 더 낫다.145) 세가가 소매점들과 계약을 맺을 때 자기의 라이선스를 받은 게임만을 팔도록 요구할 수 있도록 세가에 허용하는 방식이다. 물론 이는 시장지배력이 그다지 높지 않은 기업에만 해당된다. 끼워 팔기의 문제는 반독점법으로 다루면 될 것이다. 공정 이용의 법리로 인해서 반독점법이 무력화되어서는 곤란하다.

시간이동. 공정 이용의 문제는 1984년에 있었던 *Sony Corporation v. Universal City Studios*146) 사건에서도 문제가 되었다. 이 사건에서 대법원

---

144) 977 F.2d 1520(9th Cir. 1992).

145) *See supra* p.61.

146) 464 U.S. 417(1984).

은 사람들이 당시로서는 신기술이었던 소니의 베타맥스 기술을 이용
해서 TV 쇼를 녹화해서 나중에 다시 보는 행위를 공정 이용의 법리로
허용했다. 법원은 "비상업적 가정용으로 이용하기 위해 공중파 방송
내용을 복제하는 것은 공정 이용에 의해 저작권 침해가 아니다."[147]
스티븐스(Stevens) 대법관이 이런 식의 방임적 태도를 취한 것은 법원이
지식재산권에 지나치게 엄격한 판례를 남길 경우 새로운 기술의 발전
에 지장을 줄 수 있음을 염려했기 때문이다. 법원은 이런 문제는 의회
가 다루는 것이 좋겠다고 생각했다. 이미 그런 사례가 있었으니 1909
년 자동피아노가 등장했을 때 그것이 작곡자의 저작권을 침해하는지
에 대한 분쟁이 있었고 법원은 그것에 대해 저작권을 적용하지 않겠다
는 결정을 내렸는데, 그러자 의회가 바로 이어서 1909년의 저작권법을
통과시킨 적이 있었다.[148]

스티븐스 대법관은 녹화해서 다른 시간에 보는 행위, 즉 시간 이동
은 공중파로 보내지는 정보의 확산력을 더욱 높이는데다가, 대상이 되
는 프로그램(광고까지 포함해서 녹화가 된다면)에 대해 실질적으로 시
청자를 늘리는 효과가 있기 때문에 공정 이용의 법리를 적용함이 합당
하다고 판시했다. 만약 시청자가 프로그램을 녹화해서 나중에 본다고
하더라도 저작권자는 손해 볼 것이 없다. 어차피 많은 시청자가 봐 주
길 바라는 것 아닌가? 모든 사람이 좋아지는 이런 현상을 저작권법
을 동원해서 훼방 놓을 이유는 없다. 그러나 만약 프로그램의 내용에
서 광고를 삭제하고 녹화가 이루어진다면 사정은 완전히 달라진다. 그
렇게 된다면 저작권자는 명백히 손해를 보게 된다. 그러나 누가 그러

---

147) *Id.* at 425.

148) *White—Smith Music Publishing Co v. Apollo Co.*, 209 U.S. 1(1908), followed by the Copyright Act
of 1909.

는지를 확인하기 위해 개별 이용자들을 쫓아다니는 것은 불가능한 일이다. 그런 사정은 1980년대에도 그랬지만, 영화의 무단 복제가 큰 문제인 오늘날에는 더욱 큰 문제다. 여기서 간접 침해의 문제가 등장한다. 저작권 침해를 가능하게 만드는 기술의 생산자를 제소할 수 있는가의 문제 말이다. 간접 침해의 문제는 저작권법의 중심 주제 가운데 하나이며 해결하기 힘든 분야이기도 하다.

간접침해. 간접 침해의 법리는 침해를 당한 지식재산권의 소유자로 하여금 직접 침해자뿐만 아니라 그 침해 행위가 가능하도록 만든 자로부터도 손해배상을 받을 수 있도록 허용하고 있다. 이 같은 조항이 생긴 것은 지식재산권을 침해하는 사람의 숫자가 너무 많아서 그들을 개별적으로 제소하는 것이 현실적으로 불가능하다는 사회적 현실 때문이다. 그러나 만약 직접 침해자들이 같은 도구를 사용했을 경우, 그 도구를 만든 사람을 재판에 넘기는 것은 쉽다. 간접 침해의 법리는 위험의 뿌리를 캐내고자 하는 것이다.

지식재산권법은 오래전부터 이 같은 법리를 인정해 왔다. 소위 '댄스홀' 규칙은 자신의 저작권을 침해당한 저작권자로 하여금 직접 침해자인 작은 악단들 대신 그들을 고용한 댄스홀 주인을 상대로 손해배상을 받을 수 있게 했다.[149] 이 같은 전통에 기초해서 특허법은 적극적(active) 침해와 기여(contributory) 침해 각각에 대해서 손해배상을 해야 한다고 직접적으로 규정하고 있다.[150] 베타맥스 사건에서 가장 중요한 이슈는 시청자가 광고를 빼고 녹화를 했을 경우 비디오 녹화기를 만든 SONY에 기여 침해의 책임이 있는지의 여부이다. 문제에 대한 답을 내

---

149) e.g., *Dreamland Ball Room, Inc. v. Shapiro, Bernstein & Co.*, 36 F.2d 354, 355(7th Cir. 1929) 참조.
150) 35 U.S.C. § 271(b) & (c).

놓기가 복잡한 것은 소니의 이 기계가 불법적인 용도뿐만 아니라 얼마든지 합법적인 용도로도 사용될 수 있기 때문이다. 저작권 보호를 받지 않는 영상물을 복제하거나 또는 저작권이 있는 것이라도 주인의 허락을 받고 녹화하는 것은 모두 이 기계를 가지고 할 수 있는 합법적인 활동이다. 그렇기 때문에 비디오 녹화기 자체를 불법화한다면 합법적인 활동까지 금지하는 셈이 되어 지나친 규제가 된다. 그렇다고 해서 아무런 책임도 부과하지 않는다면 불법 복제를 용납하는 꼴이 된다. 어느 쪽에도 문제가 있다. 대법원은 저작권자가 위험을 부담하는 것이 더 낫다고 봤다. 베타맥스라는 비디오 녹화기가 '합법적인 용도로도 상당히 많이 사용될 수 있는' 한 그것의 공급자인 소니에 기여 침해의 책임을 물을 수 없다는 것이다.[151] 어느 쪽을 택하더라도 만족스럽지 않은 상황에서 대법원은 지나치게 강한 것보다는 지나치게 약한 쪽을 택한 셈이다. 이 판결이 안고 있는 가장 큰 문제점은 이 기계의 용도 가운데 불법적인 것의 비율이 어느 정도인지를 따져 보지 않았다는 것이다. 판결문을 글자 그대로 해석하자면 전체의 용도 중 99%가 불법이더라도 나머지 1%가 합법이라면 책임이 없다는 식으로도 들린다. 어렵긴 하지만 분명한 경계선을 그어 줄 필요가 있었다. 그럼에도 불구하고 이 사건은 해피엔딩으로 끝났다. 이 판결로 인해서 가정용 비디오 시장이 창출되었고 그것이 영화사에 중요한 수입원이 되었다. 비디오 기계를 공격한 것이 영화사들이었는데, 결국 그 영화사들이 비디오 기계의 덕을 보게 되었으니 역사란 역설적이다.

그러나 역사가 언제나 똑같이 반복되는 것은 아니다. 또 다른 간접 침해 논쟁이 생겼다. 이번에는 인터넷에서의 파일 공유와 관련된 것이다.

---

151) *Sony Corp.*, 464 U.S. at 442.

첫 번째의 사건에서 냅스터는 중앙 컴퓨터의 서버에 곡의 리스트를 만들어 놓고 사용자들이 다운로드를 받을 수 있게 했다. 그런 상태에서의 다운로드 행위는 공정 이용의 법리를 들먹일 여지도 없이 글자 그대로 불법적인 저작권의 침해이다. 그리하여 개별 사용자들에게 법적 책임을 묻기는 했지만 효과는 거의 없었다. 유일한 방법은 냅스터 자체를 폐쇄하는 것이었고 법원도 그런 판결을 내렸다.[152] 베타맥스라는 도구는 좋은 면과 나쁜 면이 대체로 균형을 이루었다면 냅스터에서는 나쁜 점이 압도적으로 컸던 것이다.

파일 공유 방식의 다음 세대는 그록스터와 스트림캐스트인데, 기술적 구조에서는 냅스터와 차이가 있지만 그 목적이나 효과 면에서는 별 차이가 없다.[153] 그록스터를 예로 들어 보자. 중앙의 컴퓨터를 통해야 했던 냅스터와는 달리 이 시스템은 두 명의 사용자가 서로 컴퓨터를 연결할 수 있도록 해 준다. P2P(peer-to-peer)라고 불리는 이 기술은 사용자가 몰려서 나타나는 병목 현상을 극복하게 해 준 훌륭한 기술임이 분명하다. 그러나 그록스터는 통상의 P2P 시스템이 아니다. 그것은 처음부터 끝까지 기술적인 면에서도 또 상업적인 면에서도 냅스터가 떠난 자리를 메우기 위해 만들어졌다. 사용자들이 다른 사용자의 컴퓨터에 연결하기 위해서는 여전히 그록스터에 접속해서 그들이 제공하는 광고를 봐야만 한다. 이는 그록스터가 자신들의 네트워크를 통제할 수 있다는 분명한 징표인 셈이다. 그록스터는 스스로 자신들이 냅스터의 계승자임을 자처했으며, 더 많은 곡을 불법적으로 다운로드하기 위해 어떻게 해야 하는지를 안내해 주기도 했다. 물론 그록스터

---

152) *A&M Records, Inc. v. Napster*, 239 F.3d 1004(9th Cir. 2001).

153) *Metro-Golduyn-Mayer v. Grokster, Ltd.*, 125 S. Ct. 2764(2005) 참조. 원고 승소함. Petitioner's Brief, No.04-480, at 1-14.

를 통해 공유되는 파일 중에서 합법적인 것도 분명 있을 것이다. 그 숫자가 얼마나 되는지 알려진 바는 없지만 전체 트래픽의 극히 일부에 불과할 것이라는 것은 분명하다. 성경이나 햄릿 또는 미합중국 헌법을 다운받기 위해 그록스터를 이용하는 사람은 거의 없을 것이다. 베타맥스 사건에서는 새로운 기술이 저작권자인 영화사업자의 수익을 오히려 늘렸다. 파일 공유 사건은 이와는 대조적이다. 추정에 의하면 8만 건의 저작물이 26억 회에 걸쳐 저작권 침해를 당했는데, 그것으로 인해 저작권자의 수익이 늘어난 경우는 없다. 오히려 저작권자가 입은 손해는 7억 달러에서 수십 억 달러에 이를 것으로 추정된다. 그것을 만회하기 위해 합법적인 사용자에게 가격을 올려 받는다면 합법적 시장은 오히려 더욱 위축되고 불법 다운로드만 더 늘리는 결과를 가져올 것이다.

　이 사건이 대법원에 올려졌을 때 누구도 그 결과를 예측할 수 없었다. 그러나 결국 법관 전원일치로 그록스터에 책임이 있다고 결정했다. 수터(Souter) 대법관이 대표해서 쓴 판결문에서는 그록스터는 사적인 이익을 얻기 위해 적극적이고 의도적이며 전면적으로 인터넷 사용자들의 저작권 침해 행위를 유도했다고 판시했다. 그렇게 함으로써 현명하게도 기여 침해의 법리를 잘 피해 나갔다. 또 Aimster Copyright Litigation에서 "사용자의 저작권침해 행위를 제거하거나 줄이기 위해 인터넷 서비스 공급자에게 과도한 비용이 들지는 않는지"154)의 여부를 따져 볼 필요가 있다는 리차드 포스너(Richard A. Posner) 판사의 제안도 피해 나갈 수 있었다. 그런 식의 검증을 통해서 그록스터를 잡을 수도 있었겠지만, 그런 검증이 일반화되다 보면 하드웨어의 설계자들

---

154) 334 F.3d 643, X(7th Cir. 2003).

이나 일반적인 파일 공유 사업자들까지 모두 범법자로 만들 위험도 있다.

다행히도 그록스터 사건에서는 불법행위를 유도할 의도가 명백했기 때문에 기여 침해라는 어려운 문제를 피해 나갈 수 있었다. 하지만 베타맥스 사건에서 시작된 기여 침해하는 어려운 문제는 해결되지 않은 채 남아 있게 되었다. 불법복제 음악을 쉽게 다운받을 수 있게 한다는 이유로 iPOD 서비스를 폐쇄할 수 있을까? 가능성이 높아 보이지 않는다. 하지만 불확실성은 여전하다. 베타맥스 판결은 두 명의 대법관으로부터 비판을 받았다. 루스 긴스버그(Ruth Ginsburg) 대법관은 베타맥스 테스트를 더욱 엄격히 해야 한다고 촉구했다. 반면 스테펜 브라이어(Stephen Breyer) 대법관은 과거로 돌아가는 것이 좋겠다고 했다. 내 생각으로는 베타맥스 테스트가 너무 느슨하다. 그러나 그록스터의 사건에서도 보았듯이 이런 종류의 테스트가 쓰이지 않기를 바라자. 대규모의 저작권 침해 사건에는 대개 그록스터에서처럼 의도적인 침해 유도 행위가 있기 마련이다.

그러나 이 문제가 아직 끝난 것은 아니다. 그록스터는 문을 닫았지만 다른 사업자들이 그 공간을 채우고 들어왔으며, 불법 다운로드의 수준은 그록스터가 절정일 때보다 더 심해졌다.[155] 많은 사람들이 음반회사와 영화사들을 비판하기 시작했다. 그 저작권자들은 P2P 네트워크를 억제하기보다는, 손쉬운 방법으로써 불법 다운로드를 한 개별 사용자를 제소하였기 때문이다.

물론 제대로 된 사업전략이라면 당근과 채찍이 모두 필요하다. 콘텐츠 제공 기업들은 합법적 사용자들이 불법 다운로드의 유혹에 빠져들지 않을 정도의 가격을 책정해야 할 것이다. 그뿐 아니라 새로 만들어

---

155) *see* Jason L. Riley, *Copyfight*, WALL ST. J., Nov. 26, 2005, at A10.

지는 콘텐츠들은 제한된 횟수만큼만 이용이 가능하게 하는 등의 새로운 포맷으로 하는 것이 현명할 것이다. 자기 뜻대로 사용할 수도 있고 타인에게 양도도 할 수 있지만, 제한된 횟수만 사용 가능한 전화카드 같은 것을 생각해 보면 된다. 누가 아는가, 이런 포맷들 중에서 해킹에 강한 내성을 가진 것이 나올지. 그러나 요즈음 회자되고 있는 말들 중에 가장 잘못된 것은 전통적인 저작권 보호의 모델이 새로운 인터넷 시대에 맞지 않는다는 것이다. 실상은 오히려 그 반대다. 복제의 비용이 거의 0으로 떨어졌기 때문에 저작권에 대한 법적 보호의 필요성은 과거 어느 때보다 높아졌다. 그러나 정작 불법복제자들에게 가해지는 처벌은 아주 미미한 수준에 머물러 있다. 이런 상황에서 저작권법을 약화시켜 불법복제를 더욱 쉽게 만들자는 주장은 어불성설이다. 불법 복제 행위에 대한 법적 제재는 더욱 강화되어야 한다.

결론과 정책제안

지금까지 지식재산권 보호와 기술발전 사이의 관계에 대해서 살펴보았는데 기본적 결론은 다음과 같다. 첫째, 전반적 원칙을 세운다는 관점에서 보았을 때, 배타적 권리를 인정하는 사유재산제도가 경쟁을 저해하지 않듯이 지식재산권 제도 역시 경쟁을 저해하지 않는다. 물론 지식재산권처럼 난해한 분야에 있어서 완벽함이란 있을 수 없다. 하지만 이와 관련된 지식이 불완전하다고 하더라도 지식재산권 제도 자체에 대한 공격은 분명 잘못된 것이다. 무엇보다도 지식재산에 대한 배타적 권리는 경제적 의미에서의 독점이 아님을 이해해야 한다. 지식재산이라는 것이 경쟁시장에 있어서 빼놓을 수 없는 요소이기 때문에,

모든 저작물과 발명, 영업비밀 같은 것들을 공공의 영역으로 내놓아야 한다고 주장하는 것은 난센스다. 지식재산에 대해 강제사용허락을 해야 한다든가, 공용수용의 관점에서 접근해야 한다든가, 가격 규제를 해야 한다는 식의 주장 역시 난센스다. 물론 이런 수단들이 전혀 불필요한 것은 아니지만, 아주 예외적인 경우에나 써야 하는 수단들이다. 설령 거래비용이 문제라 하더라도 지식재산을 소유한 기업가들이 서로 상대방의 지식재산을 이용하기 위해 특허 풀이나 이와 유사한 제도적 장치를 만들도록 허용하는 것이 위에서 언급한 강제적 방법들보다는 훨씬 더 좋다.

물론 실제의 지식재산 제도가 완벽한 것은 아니다. 가장 중요한 두 가지의 개혁 방향을 고른다면 아래와 같다.

첫째, PTO(특허상표청)의 인원을 늘리고, 업무를 효율화해야 한다. 이는 특허 심사의 속도와 질을 높이기 위해 필요한 개혁이다. 특허 심사를 받는 데에 지금처럼 오랜 시간이 걸린다는 것은 정부 기능이 제대로 작동하지 못함을 뜻한다. 이 개혁에 따른 이익은 막대할 것이다. 특허 심사기간이 줄어들어서 특허가 실질적으로 가치를 가지는 기간이 늘어날 것이며, 특허를 받은 제품이 시장에 출시되는 시간도 더 당겨질 것이다. 특허에 대한 판단이 정확해짐으로 인해 특허의 침해 여부를 둘러싼 소송도 줄어들 것이다. 또한 특허의 효력이 강해짐으로 인해 특허를 받음에 따른 이익이 증가해서 연구 개발에 대한 투자도 늘 것이다. 그것은 경제활동의 증가, 수익성의 증가, 세금 징수액의 증가를 뜻한다. 다시 말해서 민간 부문의 보다 더 효율적인 작동을 위해서 PTO의 개혁이 필요한 것이다.

둘째, 지식재산에 대한 의도적인 해적행위에 대해서는 강력한 정부 단속이 이루어져야 한다. 도둑질은 무엇을 훔치든 사회에 재앙을 불러

온다. 금액으로 따지면 수십억 달러에 달할 정도로 광범위하게 이루어
지고 있는 지식재산의 해적행위 역시 다르지 않다. 개인이든 기업이든
해적질을 당하게 되면 자신들의 노력에 대한 정당한 대가를 회수할 수
없다. 해적행위가 일반화되면 개인이나 기업들은 지식재산을 지키기
위해 상당한 정도의 투자를 해야 하며, 그만큼 연구 개발 및 판매에 대
한 투자는 줄어들기 마련이다. 그런 만큼 정품의 가격은 높아지고, 해
적행위를 하지 않는 소비자들만 손해를 보게 되는 것이다. 물론 그러
다 보면 그들마저 해적행위의 유혹을 받게 되지만 말이다. 그뿐 아니
라 제품 혁신의 순환고리도 꼬이게 된다. 민간의 스스로의 지식 재산을
지키기 위한 노력이라든가 그록스터 재판과 같은 재판을 통해서 이런
문제를 어느 정도는 해결할 수 있다. 그러나 침해자에게 형사 처분을
부과하거나 지식재산에 대한 해적행위가 결국 사회에 해롭다는 인식을
전파하는 행위 역시 매우 중요하다. 최근에 의회를 통과한 위조물품 제
조의 금지에 관한 법률 같은 입법조치들도 필요하다. 이 법에서는 물품
의 위조에 적용되던 벌칙들을 지식재산의 해적행위에까지 확대하고
있다. 위조품의 수출을 범죄행위로 규정한다든가 위조물품은 물론 위
조에 사용된 기계까지 압류의 대상으로 삼는다는 내용이다.[156]

이런 여러 가지의 문제들에도 불구하고 원칙의 차원에서 본 지식재
산권 제도는 합리적이다. 물론 지식재산권 제도의 각 분야들이 형이상
학적인 모호함을 가지고 있는 것이 사실이지만 세부적 규칙과 타협책
들은 상당한 일관성을 보이고 있다. 예를 들어 지식재산법은 발명과
아이디어 및 자연물질 사이의 구분에서 출발하지만 그것들이 개념적
으로 뚜렷이 구분되는 것은 아니다. 하지만 그것을 구체화시키는 단계

---

156) Pub. L. No.109 − 181, 120 Stat. 285(2006).

에서는 분리된 물질과 정제된 물질을 구분함으로써 개념적 구분의 어려움을 극복하고 있다. 저작권 분야에서도 순수한 아이디어와 그것의 표현 사이를 구분함으로써 컴퓨터 소프트웨어 분야에서 경쟁하는 기업들이 애꿎게 경쟁기업의 소프트웨어를 복제했다는 혐의를 받지 않도록 하고 있다. 판례의 축적을 통하든 기존 법의 개정 입법을 통해서이든 간에 지금까지처럼 점진적인 개선을 지속해 나간다면 미국의 지식재산권 제도는 건전성을 유지할 수 있을 것이다. 특정한 몇 개의 결정들이 잘못되었을 수는 있지만 지식재산권 제도의 기본적 구조는 건전하다. 급속한 기술발전을 촉진하기 위해서는 문제점들의 부분적 개선이 가장 좋은 방법이다. 그것을 통해서 우리는 개인과 사회의 복지를 늘려 갈 수 있을 것이다.

김정호

▌약 력

연세대학교 경제학과와 서울대학교 환경대학원(수료)을 거쳐 미국 일리노이 대학교에서 경제학 박사학위, 숭실대학교에서 법학박사 학위를 받았다. 법경제학이 주된 학문적 관심분야이다.
자유기업원 원장으로서 서울대학교, 연세대학교, 한양대학교 겸임교수를 역임했다. 동아일보, 헤럴드경제신문 등에 고정칼럼니스트로 활동했으며 현재는 한국경제신문에서 다산 칼럼을 연재하고 있다.

▌주요 논문 및 저서

『누가 소비자를 가두는가』, 『사이버 공간의 법경제학』, 『한국법의 경제학』, 『땅은 사유재산이다』, 『7천만의 시장경제이야기(편역)』, 『갈등하는 본능』 등 10여 권의 저서와 수많은 논문을 출간했다.

초판인쇄 | 2010년 2월 5일
초판발행 | 2010년 2월 5일

지은이 | 리처드 엡스타인
옮긴이 | 김정호
펴낸이 | 채종준
펴낸곳 | 한국학술정보㈜
주 소 | 경기도 파주시 교하읍 문발리 파주출판문화정보산업단지 513-5
전 화 | 031) 908-3181(대표)
팩 스 | 031) 908-3189
홈페이지 | http://www.kstudy.com
E-mail | 출판사업부 publish@kstudy.com

등 록 | 제일산-115호(2000. 6. 19)

ISBN   978-89-268-0796-5 93360 (Paper Book)
        978-89-268-0797-2 98360 (e-Book)